Laurence Alemanno

Fotos von Marie Laforêt

ROHSCHOKOLADE
Selbstgemacht!

Rezepte für einen gesunden Genuss

Leopold Stocker Verlag
Graz – Stuttgart

Inhaltsverzeichnis

Keine Rohschokolade ohne rohe Küche 3
Eine Schokolade wie keine andere 5
Die Zubereitung roher Schokolade und Schokoladeerzeugnisse in der Praxis 10
Selbst gemachte rohe Schokolade? 13

Selbst gemachte rohe Schokoladen
Zweierlei knackige dunkle Schokoladentafeln 16
Dreierlei weiße Schokoladentafeln 18
Nougat in drei Variationen 19
Schwarz-weiße japanische Trüffeln 20
Marzipankugeln mit Zitrone, Mohn und Kakao 22
Schokoriegel mit Salzkaramellfüllung 24
Knusprige Kakao-Äpfel und Kakao-Birnen 26

Pikante Rezepte: Rohkakao als Gewürz
Knusperbohnen 30
Rohe Hokkaido-Suppe mit kosmischem Kakaopulver 32
Zwiebel-Kakao-Cracker mit Cashew-Frischkäse 34
Mais-Kakao-Chili-Tortillas mit Limetten-Guacamole 36
Sellerie in Kakao-Remoulade 38
Gemüsetagliatelle mit Salbei-Kakao-Pesto 40

Desserts mit Rohschokolade
Carpaccio aus Früchten der Saison mit Kakao-Sauce 44
Mousse au Chocolat 46
Schokoladiger Chía-Pudding mit Macadamia-Drink 48
Zweierlei gefrorene Schokoladendesserts 50
Kekse mit Rohschokoladeüberzug 52
Schoko-Haselnuss-Tarte 54
Schokoladenkuchen 56

Rohkakao-„Tränke"
Roher Trank „Maya-Style" 60
Weiße Schokolade mit Lucuma, Haselnuss und Vanille 62
Shiva-Shakti-Smoothie 64
Cremiger Feigen-Mandel-Kakao-Smoothie 66
Urkakao-Smoothie 67
Hübscher oranger Smoothie 68
Heiße Schokolade 70

Weiterführende Links 71

Rohe Schokolade • zwei einfache Wörter, viele Fragen ... und das aus gutem Grund! Jedes Mal, wenn ich diese zwei Wörter ausspreche, ernte ich fragende Blicke meiner Gesprächspartner. Auch Ihre? Dann kommen Sie! Entdecken wir gemeinsam dieses sehr spezielle Produkt, hinter dem sich eine ganze Fülle an Informationen verbirgt.

Keine Rohschokolade ohne rohe Küche

Geschichtliches

In seinen Anfängen hat sich der Mensch roh ernährt! Das Kochen kam erst mit der Entdeckung des Feuers durch den *Homo erectus* – ein durchaus wichtiger Schritt in der Entwicklung der Menschheit. Lange Zeit war das Kochen ein systematischer, langer und sehr intensiver Prozess, ehe es in den 70er-Jahren dank der *Nouvelle cuisine* sanfter und kontrollierter wurde, um die Nährstoffe zu erhalten und die Produktion gesundheitsschädlicher Stoffe zu vermeiden. Seit einigen Jahren ist die „Rohkost" oder rohe Küche immer stärker im Kommen. Auch wenn diese Ernährungsform sehr innovativ erscheint, ist sie vielleicht nur eine Rückkehr zu den Wurzeln, um nach so vielen Jahren der Vormachtstellung des Kochens wieder ein Gleichgewicht herzustellen?

Wie viele andere alternative Ernährungstrends kommt die Rohkost aus den USA, wo sie *raw food* genannt wird. Im Adjektiv „roh" stecken zwei Bedeutungen: einerseits die Bedeutung von nicht gekocht, andererseits schwingt die Idee des Ursprünglichen, des naturbelassenen und wenig verarbeiteten Produkts mit. Rohkost ist also so wenig verarbeitet wie möglich, selbst auf ihrer höchsten Stufe, die als *Gourmet raw food* bezeichnet wird. In jedem Fall geht es bei Rohkost immer um lebendige und gesunde Nahrung.

Die rohe vegane Ernährung

Warum soll man sich roh ernähren? Um gesund zu sein und zu bleiben oder um wieder gesund zu werden! Auch wenn einige Rohköstler tierische Produkte essen, ernährt sich die Mehrheit von ihnen ausschließlich vegan, von Produkten aus biologischer Landwirtschaft, die so wenig wie möglich verarbeitet sind. Auch „Superfoods" – Lebensmittel, die besonders viele für den Menschen wichtige Stoffe enthalten – werden sehr oft verwendet. Sie werden es beim Durchlesen der Rezepte dieses Buches merken. Oft handelt es sich bei Superfoods um Pflanzen, die alten Weisheiten zufolge bekannt sind. Außerdem ist die rohe vegane Küche glutenfrei, denn es wird kein Mehl verwendet.

Warum ist rohe Ernährung gut für die Gesundheit? Der Grundgedanke ist eine Ernährung, die die Verdauung maximal erleichtert. Tatsächlich wird heutzutage aufgrund der Ernährungsgewohnheiten ein bedeutender Anteil der Energie für die Verdauung aufgewendet. Funktioniert die Verdauung jedoch schnell und problemlos, wird Energie frei, um erfolgreich gegen Krankheiten zu kämpfen oder um ganz einfach fit für den Alltag zu sein.

Fassen wir die Argumente für eine rohe Ernährung zusammen. Der Verzicht auf den Kochprozess bedeutet:

- Die Erhaltung der Vitamine, die alle bei Temperaturen über 110 °C zerstört werden.
- Die Erhaltung der Antioxidantien. Antioxidantien sind sehr wichtig im Kampf gegen freie

Radikale, die auf natürlichem Weg durch verschiedene Stoffwechselvorgänge im Körper produziert werden und zusätzlich durch fett- und zuckerreiche Ernährung, Stress, Umwelteinflüsse und chronische Entzündungen entstehen. Die wichtigsten Antioxidantien sind Vitamin C, Vitamin E, Karotinoide, Zink, Selen und Polyphenole.
- Die Erhaltung jener Mineralstoffe, die vom Körper rasch aufgenommen werden können. Diese werden bei Temperaturen über 100 °C zerstört.
- Die Erhaltung der in den Lebensmitteln enthaltenen Enzyme, damit für die Verdauung weniger körpereigene Enzyme gebraucht werden, die für andere Stoffwechselprozesse wichtig sind. Die Enzyme in den Lebensmitteln werden bei Temperaturen über 42–45 °C zerstört.
- Die Vermeidung der Entstehung fremder toxischer Stoffe, die unser Immunsystem nicht kennt. Bei der üblichen Herstellung von Kartoffelchips z. B. entsteht durch das Erhitzen von stärkehaltigen Lebensmitteln auf sehr hohe Temperaturen Acrylamid, dem eine toxische Wirkung nachgesagt wird. Der Verzehr solcher Lebensmittel führt zu einer Verdauungsleukozytose, d. h. zu einer vorübergehenden Zunahme der weißen Blutkörperchen, die eine unnötige Mobilisierung des Immunsystems zur Folge hat.
- Die Erhaltung der Lebenskraft, der Schwingungen und der subtilen Energie, die unverarbeitete, noch lebendige Pflanzen beinhalten. Man spricht daher auch von „lebendiger Nahrung". Nach ihrer Ernte sind Pflanzen nicht tot, sie atmen weiter ... bis zu einem bestimmten Grad. Bei welkem Salat, der schon einige Tage im Kühlschrank gelegen hat, ist das vielleicht nicht mehr der Fall.

Einige dieser Behauptungen werden in Frage gestellt. In der Tat wird durch Kochen der Antioxidantiengehalt gewisser Lebensmittel erhöht. So ist z. B. der Lycopingehalt von Tomaten nach dem Kochen vier- bis fünfmal höher; Brokkoli enthält in gekochter Form mehr Betakarotin, Lutein und Vitamin E. Die chinesische Medizin schwört auf einen kurzen Kochvorgang. Bereits nach einem kurzen Kochen enthalten die Lebensmittel nach chinesischer Auffassung das Element Feuer, das unser inneres Feuer nährt. In der indischen Ayurveda-Medizin besteht der Mensch aus drei *doshas* (Paare von Elementen) – *vata*, *pitta* und *kapha*. Gesundheit bedeutet, dass diese drei *doshas* im Gleichgewicht sind. Wenn *vata* (Luft und Äther) dominiert, wird der Verzehr roher Lebensmittel nicht empfohlen, dominiert hingegen *pitta* (Feuer und Wasser), begünstigt der Verzehr roher Lebensmittel die Regulierung des inneren Feuers.
Eines ist jedoch sicher: Wir sind alle unterschiedlich. Im Idealfall spüren wir, was gut für uns ist! Auch wenn eine Ernährung mit einem hohen Anteil an rohen Lebensmitteln uns allen guttut, liegt es letztlich an jedem selbst, die für ihn richtige Mischung zu finden. Es sei erwähnt, dass es in der Rohkost-Ernährung äußerst wichtig ist, auf den eigenen Körper zu hören.

Wenn Sie sich für rohe Ernährung entscheiden, essen Sie natürlich nicht nur Salat und rohes Gemüse! Folgende Nahrungsmittelkategorien, in denen sich übrigens auch Superfoods befinden, zählen zu Rohkost: Samen und gekeimte Samen, Nüsse und Ölfrüchte, Gemüse, Algen, frische und getrocknete Früchte, Gewürze und Kräuter, Öle und Sojasaucen. Außerdem konsumieren Sie dank bestimmter Zubereitungstechniken, die in diesem Buch anhand der Schokoladenherstellung erklärt werden, auch Säfte, Smoothies, Suppen, Tartes, pflanzliche Aufstriche, Kekse, Cracker, pflanzliche Käsealternativen, Kuchen, Desserts und Schokolade! Dafür werden Küchengeräte wie Standmixer (Blender), Entsafter, Küchenmaschine (mit geschlossenem Behälter und Doppelschlagmesser) oder Blitzhacker, Dörrgerät, Spiralschneider oder Gemüsehobel benötigt.

In diesem Buch schlage ich einen Einstieg in die Rohkost-Ernährung über den Kakao vor. Könnten Sie sich etwas Besseres vorstellen?

Eine Schokolade
wie keine andere

Geschichtliches
In der Rohkost-Ernährung findet konventionelle Schokolade keinen Platz, ganz einfach, weil ihre Herstellung mehrere Zubereitungsschritte erfordert, die bei weit höheren Temperaturen als den empfohlenen 42 °C ablaufen. Daher sind es auch die Rohköstler, im speziellen David Wolfe und Shazzie, die rohe Schokolade „erfunden" haben. Ihr Werk „Naked Chocolate", erschienen 2005, ist meines Wissens das erste Buch der Welt über dieses Thema. Die darin beschriebene Verwendungsart des Kakaos hat – um es gleich vorweg zu sagen – überhaupt nichts mit jener der präkolumbischen Völker zu tun. Letztere fermentierten die Kakaobohnen nicht, dafür rösteten sie diese über einem Holzfeuer, wie es übrigens auch heute noch ihre Nachfahren tun. Seit wann gibt es rohe Schokolade in Frankreich? Meines Wissens war es Poppy, eine junge Engländerin, die bereits Ende 2008 als Erste in Paris rohe Schokolade hergestellt hat. Seitdem sind mehrere – großteils europäische, aber auch einige aus Frankreich – rohe Schokoladen auf dem Markt. Doch es ist ebenso möglich, sich die für die eigene Schokoladenherstellung erforderlichen Basiszutaten zu beschaffen (siehe S. 10). Dank diesem Buch können Sie selbst rohe Schokolade herstellen, die genau Ihren Vorstellungen entspricht.

Anbaugebiete des Kakaos und Wurzeln der rohen Schokolade
Der Kakaobaum, mit wissenschaftlichem Namen *Theobroma cacao* L. (übersetzt „Speise der Götter"), kommt ursprünglich aus dem nördlichen Amazonasgebiet, wo es sehr heiß und feucht ist. Von diesem Herkunftszentrum aus hat sich der Kakaobaum ausgebreitet. Seine Geschichte ist nicht gänzlich bekannt, doch archäologische Entdeckungen machen es möglich, seine lange Reise Stück für Stück zu rekonstruieren. Nach derzeitigem Wissensstand finden sich die frühesten Spuren der Verwendung des Kakaos etwa 3500 Jahre v. Chr. in Ecuador und bei der Bevölkerung der Mayo-Chinchipe-Region. Diese Etappe stellt den ersten Schritt des Kakaobaums in Richtung Mittelamerika dar, wo er bereits 2000 v. Chr. von den Mokayas genutzt wurde. In der Folge machten sich die Olmèques den Baum nutzbar, dann wurde er von den Mayas angebaut, genutzt und verehrt und schließlich nutzten und verehrten andere Völker Mittelamerikas bis zu den Azteken, die zur Zeit der spanischen Eroberungszüge herrschten, den Baum, ohne ihn wirklich zu kultivieren. Danach führten verschiedene europäische Kolonisatoren den Kakaobaum weitum zwischen den zwei Wendekreisen ein, wo die klimatischen Bedingungen herrschen, die der Baum zum Gedeihen braucht.

Wie bei allen Lebewesen gibt es auch beim Kakaobaum eine Artenvielfalt. Nicht alle Kakaobäume, die auf der Erde wachsen, sind gleich. Oft erfolgt eine morphologische Einteilung in drei Varietäten (Forastero, Criollo und Trinitario), auch wenn diese stark vereinfacht ist. Warum vereinfacht? Weil es auch innerhalb dieser Varietäten sowohl eine genetische als auch eine geschmackliche Vielfalt gibt. In der Tabelle auf Seite 6 sind die wichtigsten Charakteristika dieser drei Varietäten übersichtlich dargestellt.

Wenn die Herkunftsbezeichnung der Kakaobohnen auf der Verpackung einer Schokolade ausgewiesen ist, bedeutet dies, dass sich der Schokoladenhersteller für die Geschmacksvielfalt von Schokolade aus Kakaobohnen unterschiedlicher Anbaugebiete interessiert. Gleich wie bestimmte Weine als „grands crus", also von edler Herkunft, bezeichnet werden, spricht man auch bei Schokoladen von Schokolade mit edler Herkunft. Aber die Herkunft ist nicht Thema dieses Buches. Auch wenn die Kakaobäume der Varietät Criollo den besten Ruf haben, weil sie selten und teuer sind, sind es nicht zwingend auch die, die

Sie bevorzugen werden. Zudem wird in Lateinamerika die Bezeichnung „Criollo" oft für Bäume verwendet, die seit Langem vor Ort kultiviert werden, also regional sind, jedoch überhaupt nichts mit jenen der Sortenbezeichnung „Criollo" zu tun haben. Versteifen Sie sich also nicht auf die genetische Herkunft des Kakaos, sondern legen Sie viel eher Wert auf die Vorbehandlung der Kakaobohnen, ihre Nährstoffe und den Geschmack.

Hier ist eine Aufzählung jener Länder, die nach meinem Wissen rohen Kakao produzieren, der in Form von Kakaobohnen oder daraus hergestellten Produkten auf dem Weltmarkt erhältlich ist: Brasilien (Forastero), Kamerun (Forastero), Costa Rica (Trinitario), Ecuador (National), Indonesien (Bali und Sumatra, Criollo und Trinitario), Peru (Trinitario), Dominikanische Republik (Trinitario), Sri Lanka. Rohe Schokolade wird immer bekannter und ich wage zu behaupten, dass in den kommenden Jahren auch Kakao aus vielen anderen Herkunftsländern verfügbar sein wird.

Merkmale	Forastero	Criollo	Trinitario
Herkunft	nördliches Amazonasgebiet	Verbreitung vom nördlichen Amazonasgebiet Richtung Zentralamerika	Trinidad und Tobago; der durch eine Klimakatastrophe stark dezimierte Criollo-Bestand wurde mit Forasteros wieder aufgeforstet; es folgten natürliche Hybridisierungen, die diese Varietät hervorbrachten
Untergruppen	Derzeit ein Dutzend Untergruppen, recht verschieden, wurden durch Molekül-Marker identifiziert; unter ihnen die Amelonados und der National aus Ecuador	Alte Criollos (von den präkolumbischen Völkern angebaut); moderne Criollos, aus der Hybridisierung der alten Criollos mit Forasteros hervorgegangen	
Anteil (Richtwert) der globalen Produktion	80 %	5 %	15 %
Anbaugebiete	Hauptsächlich Westafrika und Brasilien, geringe Bestände überall	Zentralamerika, Venezuela, Madagaskar, Indonesien	Karibik, Süd-Ost-Asien, Madagaskar, geringe Bestände überall
Produktivität	Stark	Schwach	Mittel bis stark
Anfälligkeit für Krankheiten	Schwach	Stark	Mittel
Früchte (Kakaoschoten)	Klein, gelb und mehr oder weniger glatt	Farbe und Größe variabel, eher groß, gefurcht, spitz zulaufend, grün oder rot	Rot und oft warzig
Farbe der Samen	Oft violett, aber manchmal weiß (Piura und Catongo)	Oft weiß und rosa	Violett
Farbe der Schokolade	Dunkel	Hell	Dunkel
Bezeichnung des Kakaos	Konsumkakao	Edelkakao	Edelkakao
Geschmack des Kakaos	Schokoladegrundgeschmack kräftig bis bitter, wenig facettenreich	Feines und vielschichtiges Aroma	Feines und vielschichtiges Aroma

Rohe Schokolade, konventionelle Schokolade: Gemeinsamkeiten und Unterschiede

Gleich vorweg: Es ist nicht ganz einfach, genaue Informationen über die Herstellung roher Schokolade zu erhalten. Manche Chocolatiers sind offen, andere hüten streng ihre Geheimnisse ... Das führt zu einigen Kontroversen auf dem Schokoladensektor. Es gibt gewisse Chocolatiers, die beteuern, dass nur ihre eigene Schokolade wirklich roh sei, und damit indirekt zu verstehen geben, dass jene der anderen es nicht ist. Es obliegt Ihnen, gemäß Ihrer eigenen Anforderungen und Wünsche zu wählen. Wenn Sie Rohschokolade auf höchstem Niveau wollen, nehmen Sie immer naturbelassene Produkte, die gänzlich unverarbeitet sind.

In der folgenden Tabelle wird der klassische Prozess der Schokoladenproduktion detailliert dargestellt und mit der Herstellung roher Schokolade aus Kakaobohnen und Kakaomasse verglichen. Besonderes Augenmerk wird dabei auf die Temperatur gelegt.

Herstellungsschritte	Konventionelle Schokolade	Rohe Schokolade	Bezeichnung des erhaltenen Produkts
Bedingungen des Kakaoanbaus	Unterschiedlich	Biologische Landwirtschaft, fairer Handel	Frucht oder Schote
Ernte und Öffnung der Schoten*	Identisch		Kakaosamen
Waschen**	Nein	Ja, wenn keine Fermentation stattfindet, sonst nicht	Gewaschene Kakaosamen
Fermentation	45–50 °C	Sanfte, kontrollierte Fermentation (max. 42–46 °C) oder klassische Fermentation	Kakaobohnen
Trocknen	Solar oder künstlich	Solar oder künstlich	Handelskakaobohnen
Rösten	110–150 °C	Kein Rösten	Geröstete Kakaobohnen (bei der konventionellen Schokolade)
Zerkleinern	50–70 °C	42–46 °C	Kakaomasse
Conchieren***	45–75 °C	42–46 °C	Schokolade
Temperieren****	50–55 °C – 26–28 °C – 31–32 °C	42–45 °C – 26–28 °C – 31–32 °C	Temperierte Schokolade

*Öffnen der Schoten und Entnehmen der Samen

**Waschen der Kakaosamen, um das sämige Fruchtfleisch zu entfernen, das sie umgibt und das normalerweise bei der Fermentation verschwindet. Dieser Schritt wird nur selten ausgeführt.

***Rühren, nachdem alle Zutaten zur Kakaomasse dazugegeben wurden (meist Zucker und Kakaobutter).

****Bevor die Schokolade in Formen gegossen oder zum Glasieren verwendet wird, wird sie temperiert, damit sie schön glänzt und eine knackige Konsistenz bekommt. Dafür muss die Schokolade verschiedene Temperaturstufen durchlaufen.

In einigen Fällen wird Rohschokolade aus Kakaopulver und Kakaobutter hergestellt. Die Herstellung unterscheidet sich von dem in der Tabelle dargestellten Prozess. Kakaobohnen oder auch Kakaomasse werden als Ölfrüchte betrachtet und daher üblicherweise heiß gepresst. Der Kakaopresskuchen wird vom Fettanteil, der Kakaobutter, die bei Zimmertemperatur fest ist, getrennt. Im klassischen Verfahren läuft dieser Vorgang bei

Temperaturen von 100 °C oder darüber ab. Es gibt sogar chemische Extraktionen, um Kakao vollkommen zu entfetten. Um rohes Kakaopulver und rohe Kakaobutter zu erhalten, werden hydraulische Pressen eingesetzt, die bei Temperaturen bis zu maximal 46 °C arbeiten. Man findet aber auch Kakaopulver und Kakaobutter, die als „roh" bezeichnet werden, obwohl sie bei einer höheren Temperatur (80 °C) gewonnen wurden. Da der Vorgang jedoch nur kurz ist, gelten diese Produkte als roh.

Um den Vergleich konventioneller Schokolade mit roher Schokolade abzuschließen, sind auch jene Zutaten zu erwähnen, die nicht aus Kakao hergestellt werden und Bestandteil einer Schokoladentafel sind.

Zutaten	Konventionelle Schokolade	Rohschokolade
Fettstoff	Kakaobutter, pflanzliches Fett	Kakaobutter, Kokosöl
Zucker	Raffinierter Zucker, Rübenzucker	Trockenfrüchte, pflanzlicher Sirup (Agave, Ahorn), Honig, Kokosblütenzucker, Rohrohrzucker
Sojalecithin	Mehrheitlich aus gentechnisch veränderten Organismen	Entweder nicht enthalten, garantiert gentechnik-frei oder durch Sonnenblumenlecithin ersetzt
Andere Zutaten	Verschiedene	Roh, unterschiedlich, aus biologischem Anbau, gentechnik-frei, Superfoods, ätherische Öle

Zuletzt sprechen wir noch über den Geschmack, der einen der größten Unterschiede zwischen der klassischen Schokolade und der Rohschokolade darstellt. Im konventionellen Herstellungsverfahren erlaubt die Röstung der Kakaobohnen, dank der Maillard-Reaktion, die Entwicklung des bekannten Schokoladenaromas. Es besteht aus ca. 600 Molekülen und ist sehr komplex. Bei der rohen Schokolade hingegen findet keine Röstung statt. Die rohen Produkte haben daher einen weniger schokoladigen Geschmack, sie besitzen aber ein Aromaprofil, das jenem des Rohstoffs, der Kakaobohne, viel näher kommt. Ein pflanzlicheres, ursprünglicheres Aromaprofil. Mögen Sie das? Probieren Sie es aus!

Rohschokolade – gut für die Gesundheit
Rohköstler haben versucht, rohe Schokolade herzustellen – einerseits weil Schokolade so gut schmeckt, dass es schwer ist, darauf zu verzichten, und andererseits, weil die Kakaobohne sehr reich an wertvollen Inhaltsstoffen ist. Das wiederholte Erhitzen während des traditionellen Herstellungsprozesses macht jedoch viele der wertvollen Inhaltsstoffe des Kakaos zunichte. Rohkakao ist ein Superfood schlechthin. Es gibt dafür allerdings nur wenige zuverlässige und vergleichende chemische Analysen. Soll man deswegen auf rohe Schokolade verzichten? Ich konnte aus verschiedenen Quellen einige Informationen über Antioxidantien sammeln, die der Beweis dafür sein könnten, dass sämtliche Zutaten der Rohschokolade (siehe Liste auf S. 10) davon größere Mengen enthalten als jene der konventionellen Schokolade.
Aber was genau sind nun die Stärken der Kakaobohne? Wie viele Pflanzen enthält sie zahlreiche verschiedene Substanzen. Die Wirkung von einigen dieser Stoffe sowie der allgemeine Effekt des Kakaos, aber vor allem der Schokolade, wurden untersucht. Kakao ist ...

• **Nährstoffreich & belebend:** Die Kakaobohne ist nährstoffreich, denn sie enthält Proteine, Fette, Ballaststoffe und ein wenig Stärke. Zudem liefert sie auch Mineralstoffe (Mengenelemente wie Magnesium, Kalzium, Kalium, Natrium und Phosphor und Spurenelemente wie Eisen, Kupfer, Zink, Nickel, Fluor und vor allem Selen). Die Vitamine B_2, B_3, B_5, B_6, B_9, E und das Provitamin A sind ebenfalls enthalten. Seine belebende Wirkung verdankt der Kakao drei Alkaloiden: Koffein und Theophyllin (in geringeren Mengen als in Kaffee und Tee), aber vor allem Theobromin, ein sanfteres Stimulans als Koffein, das jedoch länger wirkt.

• **Ein Anti-Aging-Wunder:** Bei den Kuna-Indianern in Panama, die regelmäßig Getränke aus Wasser und Kakao konsumieren, gilt Kakao als Mittel für ein langes Leben. Eine Erklärung dafür sind die vielen Antioxidantien, die in der Kakaobohne enthalten sind: Vitamin E, Selen, aber vor allem Polyphenole. Man findet 40 davon in der Kakaobohne, in bedeutenden Mengen (8 g pro 100 g frischer Kakao) und mit höherer antioxidativer Wirkung (ORAC-Index) als jene im grünen Tee, im Rotwein und in Pflaumen.

• **Gut für Herz & Hirn:** Das beweisen immer mehr wissenschaftliche Studien. Dank dem Kupfer, den enthaltenen Flavonoiden (einige Polyphenole des Kakaos) sowie den Vitaminen B_3 und E begünstigt Schokolade die Entstehung des „guten" HDL-Cholesterins, sorgt für eine Verminderung des schlechten und reduziert so das Risiko für Atherome (Arterienverkalkungen und -verstopfungen). Flavonoide, Vitamin E und Kalzium wirken blutverdünnend. Polyphenole und Theobromin sorgen für eine Erweiterung der Blutgefäße, was sich positiv auf den Blutdruck auswirkt. Die Verbesserung der Blutzirkulation durch die Inhaltsstoffe des Kakaos führt zu einer besseren Blutversorgung des Gehirns und steigert in der Folge die Gehirnleistung alter und schwacher Personen. Zugleich werden Aufmerksamkeit und Konzentrationsfähigkeit erhöht. Schließlich ist Kakao cholesterinfrei und enthält zum überwiegenden Teil ungesättigte, also „gute" Fette. Die präkolumbischen Völker wussten bereits, dass Kakao gut fürs Herz ist. In der Sprache der Azteken wird „Kakao" durch die Metapher „Herz-Blut" ausgedrückt, Nahrung des Herzens! Ich bin mir sicher, dass damit nicht nur das Herz in physischem Sinne gemeint ist.

• **Gut für die Stimmung:** Diese sehr interessante Charakteristik des Kakaos gilt besonders für den rohen Kakao. Die Kakaobohne enthält in kleinen Mengen eine gewisse Anzahl an Substanzen, die auch vom Gehirn produziert werden und die mit Glück, Wohlbefinden und guter Stimmung in Verbindung gebracht werden. Da diese Substanzen hitzeempfindlich sind, enthalten rohe Kakaoprodukte mehr davon. Phenylethylamin oder PEA, Liebes- oder Freudenmolekül, wird im Gehirn von Verliebten gebildet. Es ist auch in der Kakaobohne enthalten, begleitet von einem anderen Molekül mit ähnlicher Funktion, dem Salsolinol, das außerdem den Abbau des PEA verhindert. Anandamid oder Molekül der Glückseligkeit wirkt wie ein natürliches Cannabinoid auf das menschliche Gehirn. Es ist wie Serotonin, Neurotransmitter und Antidepressivum, und seine Vorstufe Tryptophan ebenfalls in der Kakaobohne enthalten. Da uns Schokolade glücklich macht, werden beim Konsum in unserem Gehirn Endorphine (Glückshormone) ausgeschüttet, die dazu beitragen, dass es uns gut geht. Aber Achtung: Schokolade kann süchtig machen, vor allem durch den Zucker. Und schließlich ist da noch das Magnesium mit seinem entspannenden Effekt.

Sie haben nun alle möglichen Ausreden, um ohne schlechtes Gewissen rohe Schokolade zu essen. Aber Achtung: Rohe Schokolade kann – mehr als klassische Schokolade – durch ihre konzentrierten Inhaltsstoffe eine starke Wirkung vor allem auf Herz und Gehirn haben. Doch auch hier zählt Ihre eigene Erfahrung mehr als alles, was Sie lesen oder hören können!

Die Zubereitung roher Schokolade
und Schokoladeerzeugnisse in der Praxis

Die Basiszutaten
Hinter dem Begriff „Rohschokolade" verbirgt sich eine Vielfalt an Produkten. Damit Sie eine genauere Vorstellung bekommen, finden Sie hier eine vollständige Auflistung dieser Produkte mit der richtigen Bezeichnung und ihrer Beschreibung.

Frischer Kakao: Als frischer Kakao werden die Kakaosamen bezeichnet, die beim Öffnen einer frischen Kakaoschote zum Vorschein kommen. Diese Samen sind in ein bitter-süßes, sämiges Fruchtfleisch eingebettet, das sich wunderbar zum Verzehr eignet und sofort frisch von den Samen gelutscht wird. Aber auch die Kakaosamen selbst sind in frischem Zustand genießbar. Aufgrund der stärker ausgeprägten Bitternoten werden sie mehr oder weniger geschätzt. Aber das ist der Rohkakao der Puristen, weil er frisch, also „lebendig" ist und absolut unverarbeitet.

Rohe Kakaobohnen sind die bevorzugte Basiszutat der Rohkost-Puristen. Sie sind immer getrocknet. Je nach Vorbehandlung gibt es mehrere Sorten.

❶ **Nicht fermentierte, getrocknete Kakaobohnen mit Fruchtfleisch:** Es handelt sich um getrockneten, frischen Kakao. Es gibt ihn in zwei Formen: Entweder werden alle Samen zusammenhängend getrocknet, wie sie in der Frucht zu finden sind (das erinnert an einen Maiskolben oder an eine Traube), oder die Samen werden einzeln getrocknet. Wenn Sie frische Kakaoschoten haben, können Sie diese auch selbst trocknen. Ihr Geschmack ist leicht süßlich.

❷ **Nicht fermentierte, getrocknete Kakaobohnen ohne Fruchtfleisch:** Der frische Kakao wird mit Wasser gewaschen, um das Fruchtfleisch zu lösen, und dann getrocknet. Diese Kakaobohnen sind absolut nicht süß. Sie sind entweder geschält oder ungeschält auf dem Markt erhältlich. Beide Sorten nicht fermentierter Bohnen werden auch von den Puristen als vollkommen roh angesehen.

❸ **Fermentierte, getrocknete Kakaobohnen:** Diese Kakaobohnen sind am häufigsten auf dem Markt zu finden. Das Fruchtfleisch wird bei der Fermentation entfernt, die Bohnen werden nur selten geschält. Die Fermentation kann sanft und kontrolliert ablaufen, damit die Temperatur 42–46 °C nicht übersteigt, was aber nicht zwingend der Fall ist. Diese Information ist jedoch nicht immer verfügbar.

❹ **Rohe Kakaosplitter (Kakaonibs oder auch Kakaobruch):** Es handelt sich um rohe Kakaobohnen, die geschält und in kleine Stücke zerkleinert werden. Jene, die auf dem Markt erhältlich sind, stammen meist von fermentierten und getrockneten Kakaobohnen.

❺ **Rohe Kakaomasse:** Diese entsteht durch Zermahlen der Kakaobohnen, nachdem die Schale entfernt wurde. Die Konsistenz erinnert an Schokolade, jedoch enthält rohe Kakaomasse keinen Zucker und wird bei Temperaturen unter 46 °C gewonnen.

❻ **Rohes Kakaopulver:** Werden Kakaomasse oder Kakaobohnen zerkleinert und unter Hitzeeinwirkung gepresst, lässt sich der Fettstoff, die Kakaobutter, extrahieren. Was zurückbleibt, der Kakaopresskuchen, wird zu Pulver verarbeitet: Das ist das Kakaopulver.

Rohe Kakaobutter: Diese wird für die Herstellung roher weißer Schokolade verwendet. Rohe, vegane weiße Schokolade – auch das gibt es!

Rohe Schokolade wird aus Kakaobohnen, Kakaomasse oder auch aus rohem Kakaopulver und roher Kakaobutter hergestellt. Schokolade enthält außerdem immer Zucker und ein wenig Fett – oft wird Kakaobutter oder Kokosöl verwendet –, um sie cremiger und zartschmelzender zu machen. Die verschiedenen Herstellungsmethoden erklären die Unterschiede zwischen den am Markt erhältlichen rohen Schokoladen. Sie möchten Ihre eigene rohe Schokolade zubereiten? Dann schauen Sie auf Seite 13.

Benötigte Küchengeräte und -utensilien
Bestimmte Küchengeräte und -utensilien erleichtern Zubereitung und Herstellung roher Schokolade. Einige sind kostengünstig in der Anschaffung, während andere eine größere Investition darstellen.

Der **Standmixer (Blender)** ist wahrscheinlich das nützlichste Küchengerät von allen für die Zubereitung von Rohkost. Er kann jedes feste Lebensmittel zu einer homogenen, seidigen Flüssigkeit verarbeiten. Außerdem ermöglicht er es, verschiedene Zutaten zu einer gleichmäßigen Masse zu vermengen. Der König unter den Standmixern ist der Vitamix, aber es gibt auch andere. Sie können den Standmixer zur Zubereitung von Getränken, Smoothies, rohen Suppen, Saucen und sogar zur Zubereitung von Schokolade verwenden.

In der **Küchenmaschine** (mit geschlossenem Deckel und Doppelschlagmesser) oder im Multizerkleinerer (Blitzhacker) können Trockenfrüchte und Kakaobohnen wesentlich gröber zerkleinert werden als im Standmixer. Das ist von Vorteil, wenn das Endprodukt eine knusprige Konsistenz haben soll. Aber auch zur Zubereitung roher Tarte- oder Kuchenböden sowie knuspriger Füllungen (z. B. Krokant) erweist sich dieses Gerät als sehr hilfreich.

Ein **Dörrgerät** sorgt für knusprige Lebensmittel, die trotzdem roh bleiben. Es gibt verschiedene, qualitativ unterschiedliche Modelle, das Parademodell unter ihnen nennt sich Excalibur. Werden verarbeitete oder unverarbeitete Lebensmittel mehrere Stunden bei 40–42 °C im Dörrgerät getrocknet, verlieren sie ihr Wasser, aber nicht ihre Nährstoffe und werden knusprig. So können getrocknete Früchte und Kerne, Chips, Kekse und Cracker in Rohkostqualität zubereitet werden. Wenn Sie kein Dörrgerät besitzen, ist es möglich, im Backofen bei 40 °C mit geöffneter Tür zu trocknen.

Die **klassischen Küchenhelfer** für die Schokoladenherstellung sind handlicher, praktisch und fast überall erhältlich. Um Schokoladen herzustellen, brauchen Sie:
- Ein gutes Messer zum Zerkleinern von Schokolade, Kakaomasse und Kakaobutter;
- Einen Schneebesen und eine flexible Teigkarte (aus Silikon);
- Ein Küchenthermometer, zum Temperieren von Schokolade;
- Eine Glasiergabel zum Glasieren von Konfekt und Pralinen;
- Schokoladenformen für Schokoladentafeln und Pralinen aus Silikon oder Kunststoff; wenn Sie keine solchen Formen haben, verwenden Sie Kuchenformen aus Silikon (z. B. für Mini-Kastenkuchen oder Financiers) oder auch Eiswürfelformen.

Selbst gemachte rohe Schokolade?

Ja, es ist möglich, Rohschokolade selbst zu machen! Es gibt verschiedene Herstellungstechniken, je nachdem welche Basiszutaten verwendet werden: Kakaobohnen, Kakaomasse oder auch Kakaopulver und Kakaobutter. Für ein professionelles Ergebnis ist das Erhitzen, Abkühlen und Wiedererwärmen der Schokolade – Temperieren in der Fachsprache der Chocolatiers – unverzichtbar.
Mit den drei verschiedenen rohen Schokoladearten können Sie Schokoladentafeln kreieren, aber auch Konfekt glasieren (gefüllte Pralinen und Trüffeln) bzw. Lutscher, Schokoladentaler mit Studentenfutter, schokoladeüberzogene Trockenfrüchte und andere Köstlichkeiten herstellen.

Schokolade aus rohen Kakaobohnen
Die Konsistenz dieser Schokolade ist ein klein wenig körnig, weil die Kakaobohnen im Blender nicht ganz so fein zerkleinert werden können wie in industriellen Maschinen. Die etwas „rustikale" Schokolade hat einen naturbelassenen Geschmack, der dem Geschmack der Kakaobohnen sehr nahe kommt, und erinnert an jene Schokoladen, die die Kakaoproduzenten selbst herstellen. Für Puristen ist diese Schokolade die einzig wahre rohe Schokolade! Durch die Zugabe von Kokosöl wird der Geschmack milder und die Konsistenz feiner. Ist Ihnen die Schokolade nicht süß genug, geben Sie einfach mehr Agavendicksaft dazu!

Zutaten • 200 g rohe, geschälte Kakaobohnen oder rohe Kakaosplitter • 80 g Kokosöl • 80 g Agavendicksaft

Zubereitung • Die Kakaobohnen oder Kakaosplitter in den Standmixer geben und zu einem möglichst feinen Pulver verarbeiten. Das Kokosöl schmelzen. Dafür einfach Wasser auf 70 °C erhitzen, den Topf vom Herd nehmen, das Gefäß mit dem festen Kokosöl ins Wasserbad stellen und das Kokosöl unter ständigem Rühren zergehen lassen. Aufpassen, dass die Temperatur des Kokosöls 42 °C nicht übersteigt. Dann den Agavendicksaft und das zuvor geschmolzene Kokosöl zum Kakaopulver geben. Erneut mixen, bis eine homogene Masse entsteht. Die Temperatur kontrollieren – sie soll unter 42 °C bleiben. Die Schokoladenmasse in Schokoladentafelformen füllen und im Kühlschrank fest werden lassen.

Schokolade aus roher Kakaomasse
Die Konsistenz dieser Schokolade ist vergleichbar mit jener der handelsüblichen Schokoladen, denn Kakaomasse hat eine sehr feinkörnige Textur. Die Schokolade nach diesem Rezept hat einen Kakaoanteil von 75 %, die Zuckermenge können Sie nach Belieben erhöhen. Wenn Sie eine zartschmelzendere Konsistenz bevorzugen, geben Sie etwas mehr Kakaobutter dazu. Diese Schokolade eignet sich perfekt zum Glasieren.

Zutaten • 200 g rohe Kakaomasse • 50 g rohe Kakaobutter • 50 g Kokosblütenzucker

Zubereitung • Kakaomasse und Kakaobutter mit einem großen Messer in kleine Stücke hacken. Beiseitestellen. Den Kokosblütenzucker im Blitzhacker oder in der Kaffeemühle zu einem feinen Pulver mahlen und beiseitestellen. Wasser auf 70 °C erhitzen, dann den Topf vom Herd nehmen. Die Schüssel mit Kakaomasse und Kakaobutter in das Wasserbad stellen. Mit einem Schneebesen umrühren, bis alles vollständig geschmolzen ist, dabei darauf achten, dass die Temperatur unter 42 °C bleibt. Wenn die Mischung aufhört zu schmelzen, das Wasser wieder leicht erwärmen. Den Kokosblütenzucker zur Kakaomischung geben. Sobald Kakaomasse und Kakaobutter vollständig geschmolzen sind, die Schüssel aus dem Wasserbad nehmen. Die Schokolade mit einer Teigkarte gleichmäßig rühren, bis sie auf eine Temperatur von ca. 28 °C abgekühlt ist, das kann etwa 30 Minuten dauern. Zum Schluss die Schüssel noch einmal ins Wasserbad stellen. Die Schokolade ist temperiert, wenn sie wieder eine Temperatur von 32 °C erreicht hat. Nun kann sie entweder in Formen gefüllt oder zum Glasieren verwendet werden.

Schokolade aus rohem Kakaopulver

Auch diese Schokolade ist in der Konsistenz vergleichbar mit handelsüblichen Schokoladen, da die Mischung aus Kakaopulver und Kakaobutter sehr feinkörnig ist. Die Schokolade nach diesem Rezept hat einen Kakaoanteil von etwa 74 %, sollte Sie Ihnen zu wenig süß sein, können Sie nach Belieben mehr Agavendicksaft verwenden. Die Schokolade eignet sich zum Gießen von Schokoladentafeln und Pralinen sowie für Glasuren.

Zutaten • 130 g rohe Kakaobutter • 100 g rohes Kakaopulver • 60 g Agavendicksaft

Zubereitung • Die Kakaobutter fein hacken und 100 g in einem Wasserbad bei 70 °C, abseits der Herdplatte, schmelzen. Das Kakaopulver in den Standmixer geben. Die geschmolzene Kakaobutter und den Agavendicksaft zugeben. Zu einer homogenen Masse vermischen. Die restlichen 30 g Kakaobutter ebenfalls in einer Schüssel im Wasserbad schmelzen. Die Schüssel aus dem Wasserbad nehmen und die vorbereitete Schokolade zur geschmolzenen Kakaobutter geben. Mit einer Teigkarte umrühren, bis die Temperatur

auf 28 °C gesunken ist. Das kann bis zu 30 Minuten dauern. Sie können die Schokolade zwischendurch immer einige Minuten rasten lassen, dann erneut umrühren. Diesen Vorgang bis zur gewünschten Temperatur wiederholen. Die Schüssel noch einmal ins Wasserbad stellen und die Schokolade unter ständigem Rühren wieder auf 32 °C erwärmen. Nun ist die Schokolade temperiert und kann weiterverarbeitet werden.

Kreieren Sie rohe Schokolade ganz nach Ihren Wünschen
Je nachdem, wofür Sie die Schokolade verwenden wollen, welche Schokolade Ihnen am besten schmeckt und welche Zutaten Sie zu Hause haben, können Sie individuelle Schokolade nach Ihren Ansprüchen und Möglichkeiten herstellen.

Welche Rohkakao-Grundzutat?
Wenn Sie Rohkost-Purist sind, müssten Sie Kakaobohnen oder Kakaosplitter als Grundzutat wählen. Wenn das nicht der Fall ist, ermöglicht es Ihnen die Verwendung von Kakaopulver und Kakaomasse, Schokoladen mit feinerer Konsistenz herzustellen. Der Geschmack der Schokolade variiert je nach Herkunft der verwendeten Zutaten (Kakaobohnen, Kakaomasse bzw. Kakaopulver).

Welcher Fettstoff?
Wenn Sie Kakaobohnen oder Kakaomasse als Grundzutat verwenden, müssen Sie nicht unbedingt Fett zugeben. Es sorgt aber dennoch für eine cremigere Konsistenz. Wenn Sie Kakaopulver als Grundzutat nehmen, müssen Sie Fett zugeben. Sie können Kakaobutter nehmen und damit zu 100 % bei Kakaoprodukten bleiben. Aufgrund seiner vielen wertvollen Inhaltsstoffe wird für rohe Schokolade jedoch auch gerne Kokosöl verwendet. Es sorgt für einen zarteren Schmelz, aber man muss sein Kokosaroma mögen. Finden Sie heraus, welche Kombination Ihnen am besten zusagt!

Welches Süßungsmittel?
Wenn Sie Purist sind, süßen Sie Ihre Schokoladen mit unbehandelten, getrockneten Früchten, insbesondere mit Datteln, die sehr gerne zu diesem Zweck verwendet werden. Agavendicksaft ist der Saft der Agave, einer mexikanischen Pflanze, aus dem auch Tequila hergestellt wird. Anscheinend gibt es keinen Agavendicksaft, der nicht erhitzt wurde: Wenn Sie sich trotzdem für Agavendicksaft entscheiden, verwenden Sie nach Möglichkeit einen mit heller Farbe. Agavendicksaft ist reich an Fruktose und Einfachzucker und hat einen niedrigeren Glykämischen Index (40) als viele andere Zucker, darunter Saccharose (70), Rohrohrzucker (61) oder Honig (48). Zudem verfügt er über eine starke Süßkraft. Auch Ahornsirup (54) und Kokosblütenzucker werden oft verwendet, obwohl sie nicht roh sind. Letzterer hat ebenfalls einen niedrigen Glykämischen Index (35). Die Blätter der Stevia-Pflanze (0), die eine sehr starke Süßkraft haben, aber keinen Zucker enthalten, können ebenfalls verwendet werden. Ihr lakritzartiger Nebengeschmack ist jedoch nicht jedermanns Sache. Und schließlich ist da noch Xylitol, ein Polyol, das aus Birkenrinde gewonnen wird. Xylitol hat die gleiche Süßkraft wie Saccharose, aber sehr wenig Kalorien und einen niedrigen Glykämischen Index (7). Es handelt sich jedoch um ein verarbeitetes Produkt. Wenn Sie streng vegan leben, verwenden Sie keinen Honig, denn Honig ist genau genommen ein tierisches Produkt.

Pur oder mit anderen Zutaten?
Nahezu unendlich viele Zutaten eignen sich zum Verfeinern der Schokolade, was die eigene Schokoladenproduktion wirklich spannend macht. Bei der Herstellung roher Schokoladen kommen sehr oft „Superfoods" zum Einsatz. Diese reichern die Schokolade mit noch mehr wertvollen Inhaltsstoffen an.

Selbst gemachte **rohe Schokoladen**

Wenn Sie eine traditionelle Schokoladenmanufaktur für handgemachte Schokoladen betreten, finden Sie eine beachtliche Vielfalt verschiedener Produkte. Schokoladentafeln, Schokoladenkonfekt (Bezeichnung für Pralinen mit cremiger oder knuspriger Füllung), Marzipankonfekt, kandierte Orangenschalen in Schokolade, Schokoladentaler mit Studentenfutter, Trüffeln, schokoladeüberzogene Trockenfrüchte und andere Spezialitäten, die Ihnen das Wasser im Mund zusammenlaufen lassen. Die Vielfalt der auf dem Markt verfügbaren rohen Schokoladen ist bedeutend kleiner. Am häufigsten ist rohe Schokolade in Form von Schokoladentafeln zu finden, immer öfter werden aber auch rohe Trüffeln, rohe Schokoladentaler mit Studentenfutter und manchmal sogar rohes Schokoladenkonfekt angeboten. In diesem Teil des Buches, der sich der Herstellung klassischer Schokoladen und Schokoladeerzeugnisse widmet, finden Sie einige Grundrezepte, für Rohkost adaptiert. Sie sollen Lust bekommen, diese auszuprobieren, aber vor allem sollen Sie inspiriert werden, Ihre eigenen Schokoladen zu kreieren.

Zweierlei knackige **dunkle Schokoladentafeln**

Jetzt, wo Sie wissen, wie man rohe Schokolade zubereitet, können Sie die Rezepte von den Seiten 13 und 14 abwandeln, indem Sie weitere Zutaten dazugeben. Hier zwei Vorschläge für knackige Schokoladentafeln. Sie haben zwei Möglichkeiten, die gewünschten Zutaten zur Schokolade dazuzugeben: Entweder Sie bestreuen die Oberfläche der Schokolade damit oder Sie arbeiten diese in die geschmolzene Schokolade ein. Wenn Sie keine Formen für Schokoladentafeln besitzen, verwenden Sie Kuchenförmchen aus Silikon oder streichen Sie die Schokolade auf ein Backpapier: So erhalten Sie sehr feine Schokoladentäfelchen.

Zutaten für 2 Tafeln zu je 100 g • 200 g temperierte Schokolade aus roher Kakaomasse (siehe S. 13)

Schokolade mit Kürbiskernen und Chili

Zutaten • 230 g gehackte Kürbiskerne • Cayennepfeffer, gemahlen

Zubereitung • Den Boden einer Schokoladentafelform mit Kürbiskernen bedecken. Die Hälfte der temperierten Schokolade in die Form füllen (die zweite Hälfte für die Schokolade mit Baobab-Pulver und Chía-Samen beiseitestellen). Die Form sanft hin- und herbewegen, um die Schokolade gleichmäßig in der Form zu verteilen. Die Oberfläche mit Cayennepfeffer bestreuen und die Schokolade in den Kühlschrank geben, bis sie fest ist. Aus der Form nehmen und genießen.

Schokolade mit Baobab-Pulver und Chía-Samen

Zutaten • 3 TL Baobab-Pulver • 3 TL Chía-Samen

Zubereitung • Das Baobab-Pulver und die Chía-Samen in die beiseitegestellte Schokolade einrühren. Gut umrühren, damit sich die Zutaten gleichmäßig in der Schokolade verteilen. Die Schokoladenmasse in eine Schokoladentafelform gießen, diese leicht hin- und herbewegen, damit sich die Masse gleichmäßig verteilt. Die Schokolade in den Kühlschrank stellen, bis sie fest ist. Aus der Form nehmen und genießen.

DREIERLEI WEISSE SCHOKOLADENTAFELN

Zutaten für 3 Tafeln zu je ca. 50 g • 100 g rohe Kakaobutter • 20 g Kokosöl • 3 EL Agavendicksaft • 3 EL weißes Mandelmus • ½ Vanilleschote • 20 g getrocknete Physalis • ¼ TL Matcha-Pulver

Zubereitung • In einer Kasserolle Wasser auf 70 °C erhitzen, beiseitestellen. In der Zwischenzeit die Kakaobutter mit einem Messer hacken. Die gehackte Kakaobutter in eine Schüssel geben und diese auf die Kasserolle mit dem heißen Wasser stellen. Das Kokosöl zugeben. Mit einem Schneebesen umrühren, bis alle Zutaten geschmolzen sind. Darauf achten, dass die Temperatur immer unter 42 °C bleibt.

Den Agavendicksaft zugeben, dann das Mandelmus zufügen und mit dem Schneebesen zu einer homogenen Masse verrühren. Die Vanilleschote mit einem Messer aufschlitzen, das Vanillemark herauskratzen und dazugeben. Ein Drittel der Masse in eine Schokoladentafelform gießen: Das ist die weiße Schokolade. Das zweite Drittel der Masse ebenfalls in eine Form geben und die getrockneten Physalis einzeln darauf verteilen: Das ist die orange Schokolade. Zum dritten Teil der Masse das Matcha-Pulver geben und mit dem Schneebesen gut verrühren. Die Masse in die Form geben: Das ist die grüne Schokolade. Die Schokoladen in den Kühlschrank geben, bis sie fest sind (das dauert ca. 30 Minuten), dann aus der Form nehmen. Kühl lagern.

Hinweis • Diese Schokoladen sind relativ fett. Bereiten Sie daher ganz dünne Tafeln zu.

NOUGAT
IN DREI VARIATIONEN

Nougat ist wirklich meine liebste Süßigkeit! Aber der klassische Nougat ist absolut nicht roh. Machen Sie sich selbst ein Bild: Nach dem Rösten werden Nüsse – oft sind es Haselnüsse und Mandeln – zuerst karamellisiert und dann gemahlen: Das ist der Krokant. Dieser wird mit einer bestimmten Menge Schokolade vermischt: So entsteht der Nougat. Nougat wird häufig in kleine Stücke geschnitten und mit Schokolade glasiert. Aber wie macht man rohen Nougat? Hier drei Varianten: Eine Tafel roher dunkler Nougat, der auch in kleinen Schokoladenförmchen zubereitet werden kann, knuspriges Nougat-Konfekt und ein zartschmelzender Nougat, der an den italienischen Gianduja erinnert …

Nougat-Tafel

Zutaten für 2 Tafeln zu je ca. 100 g • 100 g rohe Kakaosplitter oder geschälte rohe Kakaobohnen • 80 g Haselnussmus • 40 g Agavendicksaft • 40 g Kokosöl

Zubereitung • Folgen Sie dem Rezept für dunkle Schokolade aus rohen Kakaobohnen auf Seite 13. Das Haselnussmus zugleich mit dem Agavendicksaft und dem Kokosöl zugeben. Gut vermischen, in die Form füllen und im Kühlschrank fest werden lassen.

Knuspriges Nougat-Konfekt

Zutaten für ca. 20 Stück • 50 g rohe Kakaosplitter • 100 g Haselnüsse • 70 g Agavendicksaft • 100 g temperierte Schokolade zum Glasieren (siehe S. 13–15)

Zubereitung • Die Kakaosplitter und die Haselnüsse in die Küchenmaschine oder in den Blitzhacker geben. Zu gleichmäßiger, aber nicht allzu feiner Konsistenz zerkleinern, die Mischung soll noch knusprig sein. Den Agavendicksaft zugeben und vermischen, bis eine kompakte Masse entsteht. Diese Nougatmasse zwischen zwei Bögen Backpapier etwa 1 cm dick quadratisch ausrollen. Kühl stellen, damit die Masse etwas fest wird. Sie bleibt aber geschmeidig. In der Zwischenzeit die temperierte Schokolade vorbereiten. Den Nougat aus dem Kühlschrank nehmen. In gleichmäßige Quadrate oder Rechtecke schneiden und diese mit einer Glasiergabel in die temperierte Schokolade tunken. Auf einem Backpapier im Kühlschrank festwerden lassen.

Zartschmelzender Nougat

Zutaten für ca. 20 Stück • 50 g rohe Kakaobutter • 40 g Mandelmus • 60 g Haselnussmus • 40 g Agavendicksaft • 20 g rohes Kakaopulver • 1 Prise Salz • 100 g temperierte Schokolade zum Glasieren (siehe S. 13–15)

Zubereitung • Die Kakaobutter in Stücke schneiden und in eine Schüssel geben, diese – abseits der Herdplatte – auf eine Kasserolle mit etwa 70 °C heißem Wasser stellen. Die Kakaobutter unter Rühren mit einem Schneebesen zergehen lassen. Mandel- und Haselnussmus, Agavendicksaft, Kakaopulver und Salz zugeben. Gut verrühren, die Masse in kleine Schokoladenformen aus Silikon füllen und zum Festwerden in den Kühlschrank stellen. Die temperierte Schokolade vorbereiten. Die Pralinen aus der Form nehmen und wie im vorhergehenden Rezept mit der Schokolade glasieren.

SCHWARZ-WEISSE
JAPANISCHE TRÜFFELN

Die Basis der Trüffel ist eigentlich eine Ganache, die aus Schokolade und Fett – üblicherweise Crème fraîche und Butter – besteht. In den Rohkost-Rezepten werden diese Produkte durch pflanzliches Fett ersetzt: Kokosöl, Kakaobutter und rohe Muse aus Nüssen und anderen Ölfrüchten. Letztere sind im Handel erhältlich und werden oft durch Mahlen in einer Natursteinmühle hergestellt.

Zutaten für ca. 20 Trüffeln

• 100 g rohe Kakaomasse • 20 g rohe Kakaobutter • 30 g Kokosöl • 60 g Agavendicksaft • 60 g schwarzes Sesammus • 50 g helle Sesamsamen

Zubereitung • In einer Kasserolle Wasser auf 70 °C erhitzen, beiseitestellen.
In der Zwischenzeit Kakaomasse und Kakaobutter mit einem Messer hacken. In eine Schüssel geben und diese auf die Kasserolle mit dem heißen Wasser stellen. Das Kokosöl zugeben. Mit einem Schneebesen umrühren, bis alles vollständig geschmolzen ist. Die Temperatur der Masse muss unter 42 °C bleiben.
Wenn alles geschmolzen ist, den Agavendicksaft, dann das schwarze Sesammus zugeben. Mit dem Schneebesen umrühren, die Masse mit dem Stabmixer emulgieren und ca. 30 Minuten in den Kühlschrank stellen. Dann mit dem Schneebesen gleichmäßig durchrühren, um Luft einzuschlagen und die Ganache dadurch leichter und lockerer zu machen. Chocolatiers sprechen daher von einer „aufgeschlagenen Ganache".
Mit einem kleinen Löffel etwas von der Masse entnehmen und zwischen den Handflächen zu einer Kugel rollen. So fortfahren, bis die Masse aufgebraucht ist. Anschließend die Trüffeln in einer Schüssel in den hellen Sesamsamen wälzen, bis sie vollkommen bedeckt sind.

Variation • Zum Wälzen der Trüffeln eignen sich neben Sesamsamen auch viele andere Zutaten – Mohnsamen, geschälte Hanfsamen, Kakaopulver, gehackte Trockenfrüchte, Matcha-Pulver …

MARZIPANKUGELN
MIT ZITRONE, MOHN UND KAKAO

Mit Schokolade überzogenes Marzipankonfekt ist einer der Klassiker der Schokoladenindustrie. Hier eine köstliche und nicht zu süße rohe Variante. Mandeln (und auch andere Samen und Kerne) enthalten Enzym-Hemmer, die durch ihre Bindung an die enthaltenen Enzyme für die Keimruhe und Konservierung verantwortlich sind. Das in der rohen Küche übliche Einweichen der Samen und Kerne bewirkt, dass die Enzyme wieder freigesetzt und damit aktiviert werden, die Mandeln fangen an zu keimen und werden bekömmlicher. Außerdem lassen sich eingeweichte Mandeln leichter schälen. Für die Zubereitung der Marzipankugeln werden die geschälten Mandeln wieder getrocknet.

Zutaten für ca. 20 Stück

- 150 g ganze Mandeln • 80 g Agavendicksaft • 1 Zitrone • 20 g Mohnsamen
- 100 g rohe Kakaosplitter

Zubereitung • Die Mandeln über Nacht in reinem Wasser* einweichen.
Am nächsten Tag die Mandeln schälen und im Dörrgerät bei 42 °C ca. 10 Stunden trocknen. Die geschälten, getrockneten Mandeln mit dem Agavendicksaft, der abgeriebenen Zitronenschale und 2 Esslöffeln Zitronensaft in den Standmixer geben. Auf schwacher Stufe mixen, dabei die Masse, die sich an der Seitenwand des Mixbehälters ansammelt, immer wieder zurück in die Mitte schieben. Aufhören zu mixen, wenn die Masse kompakt ist: Die Konsistenz ist relativ homogen, mit kleinen Mandelstücken. Wenn Sie eine feinere Konsistenz wollen, langsam weitermixen.
Die Marzipanmasse in eine Schüssel geben. Die Mohnsamen zugeben und mit den Händen durchkneten, damit sich die Mohnsamen gut im Marzipan verteilen. Etwas Masse entnehmen, mit den Händen zu einer Kugel formen und in ein Gefäß mit Kakaosplittern geben. Leicht andrücken, damit die Kakaosplitter gut haften bleiben. Dann wieder etwas Masse entnehmen, eine neue Kugel formen und den Vorgang wiederholen, bis die Masse aufgebraucht ist.

Variation • Nutzen Sie die volle Vielfalt der Zitrusfrüchte und ersetzen Sie die Zitrone durch Mandarine, Grapefruit, Orange, Kumquat …

*Um sicherzugehen, dass das Wasser weder Chlor noch Spuren anderer Chemikalien enthält, verwenden Sie nur reines oder gefiltertes Wasser.

SCHOKORIEGEL
MIT SALZKARAMELLFÜLLUNG

Geht es um gesunde Ernährung, haben Schokoriegel üblicherweise keinen guten Ruf. In der Tat enthalten sie sehr oft viel Fett, viel Zucker und auch gentechnisch veränderte Stoffe. Hier ein Schokoriegel aus roher dunkler Schokolade mit einem verblüffenden veganen Salzkaramell!

Zutaten für ca. 10 Schokoriegel

- 50 g entsteinte Datteln • 50 g Kokosöl • 40 g Lucumapulver • 20 g Agavendicksaft • 1 TL Vanilleextrakt • 2 Prisen Fleur de sel • 300 g temperierte Schokolade aus rohem Kakaopulver (siehe S. 14)

Zubereitung • Die entsteinten Datteln in den Standmixer geben.
Das Kokosöl in einer Schüssel über einem Wasserbad (Wassertemperatur 70 °C) schmelzen, dann zu den Datteln in den Standmixer geben. Mixen.
Danach einzeln Lucumapulver, Agavendicksaft, Vanilleextrakt und Salz zugeben. Nach jeder Zutat gut durchmixen. Am Ende etwas schneller rühren, damit sich alle Zutaten zu einer homogenen Masse verbinden. Es entsteht eine kompakte, formbare Karamellmasse.
Ein Schneidbrett mit Backpapier überziehen. Mit einer Teigkarte die Karamellmasse etwa ½ cm dick zu einem Rechteck verteilen. Mit einem zweiten Bogen Backpapier abdecken und in den Gefrierschrank geben, bis die Platte fest geworden ist.
In der Zwischenzeit die temperierte Schokolade vorbereiten. Kleine rechteckige Silikonförmchen zur Hälfte damit anfüllen.
Den Karamell aus dem Gefrierschrank nehmen und in Riegel schneiden, die etwas schmäler sind als die Förmchen. Einen Riegel in jedes Förmchen auf die Schokolade legen und vollständig in die Schokolade hineindrücken. 5 Minuten in den Gefrierschrank geben, damit die Schokoriegel etwas fest werden. Dann den Vorgang wiederholen: Einen zweiten Karamellriegel und eine zweite Schicht temperierte Schokolade in die Förmchen geben. Die Oberfläche der Schokolade glatt streichen und die Förmchen in den Gefrierschrank oder in den Kühlschrank geben, bis die Schokoriegel fest geworden sind. Aus den Förmchen nehmen.

Variation • Bereiten Sie die Schokoriegel nach Rezept zu, nur dünner, mit einer Schicht Schokolade und einer Schicht Karamell. Sie können dafür statt der rechteckigen Förmchen auch beliebige andere kleine Schokoladenförmchen verwenden.

KNUSPRIGE KAKAO-ÄPFEL UND KAKAO-BIRNEN

In der rohen Küche ermöglicht ein Dörrgerät die Zubereitung knuspriger Köstlichkeiten. Dörrgeräte sind meist einfach zu bedienen, jedoch muss für das Trocknen etwas Zeit eingeplant werden: Wer über Nacht trocknet, kann dadurch Zeit sparen. Diese knusprigen Äpfel und Birnen sind perfekt, wenn tagsüber Hunger aufkommt oder ein kleines Leistungstief droht.

Zutaten für ca. 30 Stück

- 550 g Walnusskerne • 30 g rohe Kakaosplitter • 20 g Agavendicksaft • 1 TL Zimtpulver
- 1 Apfel • 1 feste Birne

Zubereitung • Nusskerne und Kakaosplitter in die Küchenmaschine oder in den Blitzhacker geben. Zu einem groben Pulver zerkleinern, es sollten noch Nuss- und Kakaostücke erkennbar sein.
Agavendicksaft und Zimt zugeben und vermischen. Das Resultat ist eine krümelige Masse mit einer crumble-ähnlichen Konsistenz.
Den Apfel und die Birne ungeschält im Ganzen mithilfe einer Mandoline oder eines Gemüsehobels längs oder quer in feine Scheiben schneiden.
Die Scheiben in der Nuss-Kakao-Zimt-Mischung wenden. Leicht andrücken, damit die Stückchen gut an den Apfel- und Birnenscheiben haften bleiben.
Dann die Scheiben auf ein mit Backpapier ausgelegtes Blech oder Gitter des Dörrgeräts legen und ca. 14 Stunden bei 40 °C trocknen. Den Vorgang beobachten, damit die Apfel- und Birnenscheiben genau die gewünschte Konsistenz – von weich bis sehr knusprig – erhalten!

Variation • Dieser Snack schmeckt auch ohne Trocknen! Wenn Sie jeweils zwei frische Fruchtscheiben mit der Nuss-Kakao-Zimt-Mischung füllen, entstehen rohe süße „Ravioli", die Sie pur oder auch mit einer rohen Kakao-Sauce (siehe Rezept für Frucht-Carpaccio, S. 44) genießen können.

PIKANTE REZEPTE:
ROHKAKAO ALS GEWÜRZ

Wer zum ersten Mal eine rohe Kakaobohne kostet, wird – insbesondere im Vergleich mit der Schokolade, wie sie allgemein bekannt ist – mehrere Dinge bemerken.
Zu allererst überrascht die Konsistenz: Die Kakaobohne ist knusprig und kross. Dann kommt ein unerwartet naturbelassenes, ursprüngliches Aroma begleitet von bitteren adstringierenden Noten zum Vorschein. Und schließlich wird mitunter der süße Geschmack vermisst.
Die Kakaobohne ist ein außergewöhnliches Produkt mit einem starken Charakter, der geliebt oder gehasst wird. Ihre Besonderheiten machen sie sogar für die pikante Küche zu einem interessanten und vielseitigen Partner. In pikanten Rezepten wird der Kakao ähnlich wie ein Gewürz eingesetzt.

KNUSPERBOHNEN

Diese kleinen Leckerbissen haben einen süßlich-pikanten Geschmack und eine sehr belebende Wirkung. Daher eignen sie sich hervorragend Samstagabend zum Aperitif, als Stärkung, wenn eine lange Nacht bevorsteht. Ist das nicht der Fall, bitte nicht übertreiben!

Zutaten für 60 Knusperbohnen

• 50 g weiche Datteln • 2 Knoblauchzehen • 2 EL Tamari • 30 g frischer Ingwer, gerieben • 30 g Sesamsamen • 60 rohe Kakaobohnen

Zubereitung • Datteln, Knoblauch und Tamari im Blitzhacker oder Standmixer zu einer cremigen Masse verarbeiten.
Die Masse in eine Schüssel geben, den geriebenen Ingwer und die Sesamsamen zugeben und vermischen. Die Kakaobohnen zugeben und so lange vermischen, bis alle Kakaobohnen mit der Masse überzogen sind.
Die überzogenen Kakaobohnen einzeln mit einem kleinen Löffel auf ein Backpapier setzen.
8 Stunden bei 42 °C trocknen, dann die Kakaobohnen umdrehen und weiter trocknen, bis sie knusprig sind. Das kann bis zu weitere 8 Stunden dauern.

Variation • Für eine wahre Geschmacksexplosion die Masse mit frischem Chili würzen!

ROHE HOKKAIDO-SUPPE MIT KOSMISCHEM KAKAOPULVER

Mit einem hochwertigen Standmixer lassen sich cremige Rohkost-Suppen herstellen. Hier eine sehr milde Suppe, die vor allem im Winter ausgezeichnet schmeckt. Dank Ingwer, Kakao und Chili wärmt sie von innen. Wird die Suppe 1 oder 2 Minuten länger gemixt, wird sie lauwarm, bleibt aber dennoch roh!

Rohe Hokkaido-Suppe — für 2 Personen

- 100 g Hokkaido-Kürbis • 70 g Süßkartoffel • 30 g Karotte • 30 g Rote Rübe
- 1 kleines Stück frischer Ingwer • 1 EL Sesammus (Tahin) • 1 EL Tamari
- 250 ml reines Wasser

Zubereitung • Das Gemüse putzen, schälen (außer den Kürbis) und auswiegen. In kleine Stücke schneiden und in den Standmixer geben.
Ein Stück frischen Ingwer nach Geschmack zugeben, dann Sesammus und Tamari hinzufügen, zuletzt die Zutaten mit dem Wasser bedecken. Mixen, bis eine cremige Suppe entsteht.
Die Suppe sofort – mit dem vorbereiteten kosmischen Kakaopulver bestreut – servieren.

Variation • Verwenden Sie je nach Saison verschiedene Gemüsesorten und servieren Sie die Suppe im Winter lauwarm, im Frühling kalt und im Sommer eisgekühlt!

Kosmisches Kakaopulver

- 50 g rohe Kakaosplitter • 1 TL Fleur de sel • 1 TL Cayennepfeffer

Zubereitung • Die Kakaosplitter im Standmixer oder in der Kaffeemühle zu einem feinen Pulver vermahlen. In ein Glas geben, Salz und Cayennepfeffer zugeben und vermischen. Bis zum Gebrauch beiseitestellen.

Hinweis • Dieses Pulver ist sehr würzig. Reduzieren Sie den Cayennepfeffer, wenn es Ihnen zu scharf ist!

ZWIEBEL-KAKAO-CRACKER
MIT CASHEW-FRISCHKÄSE

Eine Besonderheit der Rohkost-Küche ist die Herstellung roher, pflanzlicher „Käse". Sie sind köstlich und sehr vielseitig und können genauso süchtig machen, wie Käse aus Milch. Die Hauptzutat für diese „Käse" sind Nüsse und Ölsaaten (in diesem Rezept Cashewkerne), Bierhefe sorgt für den Käsegeschmack, der durch die Zugabe von Zitronensaft noch intensiver wird. Verblüffend!

Cracker für 2–3 Personen

- 50 g Sonnenblumenkerne • 1 Zwiebel • 1 Knoblauchzehe • 20 g Leinsamen
- 2 EL Olivenöl • 1 EL Tamari • 30 g rohe Kakaosplitter • Meersalz

Zubereitung • Die Sonnenblumenkerne mit reinem Wasser bedecken und mehrere Stunden einweichen, dann abgießen. Das Wasser wegschütten. Die Zwiebel schälen und in Stücke schneiden. Die Knoblauchzehe schälen. Die Leinsamen in der Küchenmaschine, im Standmixer oder in der Kaffeemühle mahlen und beiseitestellen. Zwiebel, Sonnenblumenkerne, Knoblauch, Olivenöl und Tamari in den Standmixer geben. Zu einer homogenen Masse verarbeiten. Die gemahlenen Leinsamen zugeben und vermischen. Zuletzt die Kakaosplitter zugeben und mit der Hand vermischen. Wenn nötig, salzen.
Die Masse auf einem Dörrgitter oder einem Blech des Dörrgeräts verteilen und bei 40 °C trocknen. Nach etwa 5 Stunden wenden und bis zur gewünschten Konsistenz weitertrocknen. Ich mag die Cracker am liebsten, wenn sie noch nicht ganz fest sind. Die fertige Cracker-Platte mit dem Messer in gleichmäßige Stücke schneiden oder für eine rustikale Variante mit der Hand in Stücke brechen.

Cashew-Frischkäse

- 50 g Cashewkerne • ½ Zitrone • 1 EL Bierhefe • Salz • ca. 100 ml Wasser

Zubereitung • Die Cashewkerne über Nacht in reinem Wasser einweichen. Am nächsten Tag abgießen und in den Standmixer geben. Den Saft der halben Zitrone, Bierhefe, Salz und Wasser zugeben. Mixen und, wenn nötig, nach und nach noch etwas Wasser zugeben, bis die Masse eine cremige Konsistenz hat, ähnlich einem Streichkäse. Mit den Zwiebel-Crackern servieren.

Variation • Für einen besonders intensiven Kakao-Geschmack und eine extra-knusprige Konsistenz einige zusätzliche Kakaosplitter über die Cracker mit Cashew-„Frischkäse" streuen!

MAIS-KAKAO-CHILI-TORTILLAS
MIT LIMETTEN-GUACAMOLE

Hier ein Rezept, das vier Aromen vereint, die typisch für Mexiko und Zentralamerika sind: Mais, Kakao, Chili und Avocado!

Guacamole   für 2–3 Personen

- 2 reife Avocados • 1 Limette • 1 kleine Schalotte • 1 Tomate • 2 Zweige Koriander
- Meersalz

Zubereitung • Das Fruchtfleisch der Avocados in einen tiefen Teller geben, den Limettensaft darübergießen und das Fruchtfleisch mit einer Gabel zerdrücken. Die Schalotte und die Tomate in kleine Würfel schneiden. Die Korianderblätter fein hacken und alles mit der Avocado-Limetten-Mischung vermengen. Mit Salz abschmecken.

Tortillas

- 2 frische Maiskolben (ca. 200 g Maiskörner) • 50 ml Wasser • Salz • Chili • 2 TL rohes Kakaopulver

Zubereitung • Mit einem großen Messer die Maiskörner von den Kolben schneiden und in den Standmixer geben. Wasser und Salz dazugeben und zu einer cremigen Masse pürieren. Danach Chili und Kakaopulver zugeben und vermischen. Einen Esslöffel der Masse auf ein mit Backpapier ausgelegtes Blech oder Gitter des Dörrgeräts geben und mit den Fingern zu einem Kreis von ca. 7 cm Durchmesser verteilen. Diesen Vorgang wiederholen, bis die gesamte Masse aufgebraucht ist (die Masse reicht für ca. 10 Tortillas). Die Tortillas ca. 7 Stunden bei 42 °C trocknen. Die fertigen Tortillas sind sehr fein und lösen sich leicht vom Papier. Mit der Guacamole servieren. Übrige Tortillas in einer luftdicht verschließbaren Dose aufbewahren.

Variation • Nach dem Verteilen der Masse auf dem Blech des Dörrgeräts die Tortillas mit Kakaosplittern, Kümmel oder anderen Gewürzen nach Wahl bestreuen.
Um der Masse einen zusätzlichen präkolumbischen Touch und eine schöne grüne Farbe zu verleihen, etwas Spirulinapulver zugeben.
Nach dem Trocknen sind die Tortillas extrem fein. Für etwas dickere Tortillas die doppelte Menge der Masse zubereiten und die Dörrzeit verlängern.

SELLERIE IN
KAKAO-REMOULADE

Dieses Rezept, in dem der Kakao nur eine dezente Nebenrolle spielt, bietet die Gelegenheit, die Zubereitung einer rohen, veganen „Mayonnaise" auszuprobieren. Rohe Cracker und ein kleiner grüner Salat passen perfekt zu dieser außergewöhnlichen Sellerie-Rohkost.

Zutaten für 4 Personen

- 100 g Cashewkerne • ½ Zitrone • 1 Knoblauchzehe • 2 TL scharfer Senf • 3 EL Olivenöl • ca. 50 ml reines Wasser • 3 TL Kapern • einige Schnittlauchhalme • 20 g rohe Kakaosplitter • 450 g Knollensellerie • Salz und Pfeffer

Zubereitung • Die Cashewkerne mehrere Stunden in reinem Wasser einweichen, dann abgießen.
Mit dem Saft der halben Zitrone, Knoblauch, Senf und Olivenöl in den Standmixer geben. Zuerst langsam, dann etwas schneller mixen, nach und nach das Wasser zugeben, bis eine Emulsion von der Konsistenz einer Mayonnaise entsteht.
Die „Mayonnaise" in eine Schüssel geben. Die grob gehackten Kapern, den geschnittenen Schnittlauch und die Kakaosplitter zugeben. Vermischen.
Den Knollensellerie schälen und raspeln. Zu der Remoulade in die Schüssel geben und gut vermengen, mit Salz und Pfeffer abschmecken.

Variation • Für einen zusätzlichen grünen Touch einige Zweige gehacktes Selleriegrün zugeben.

GEMÜSETAGLIATELLE
MIT SALBEI-KAKAO-PESTO

Hier eine andere Besonderheit der Rohkost: Nudeln! Sie lassen sich ganz einfach mit einem Spiralschneider aus verschiedenen Gemüsesorten herstellen und passen ausgezeichnet zu grünem Pesto mit Kakao und einem sensationellen pflanzlichen „Käse" nach Parmesan-Art!

Pesto   für 4 Personen

- 20 g Salbeiblätter • 1 kleine Knoblauchzehe • 20 g rohe Kakaosplitter • 20 g Pinienkerne oder Zedernüsse • 15 EL Olivenöl • 50 ml Wasser • Meersalz

Zubereitung • Die Salbeizweige waschen und die Blätter abzupfen. Die Knoblauchzehe schälen. Alle Zutaten in den Standmixer geben und zu einer feinen, homogenen und leicht flüssigen Masse verarbeiten. Mit Wasser auf die gewünschte Konsistenz bringen.

Roher „Käse" nach Parmesan-Art

- 2 EL Bierhefe • 1 EL Kürbiskerne • 1 EL Pinienkerne • ½ TL Fleur de sel

Zubereitung • Alle Zutaten so lange im Standmixer oder in der Küchenmaschine mixen, bis die Konsistenz der Masse an geriebenen Parmesan erinnert.

Gemüsetagliatelle

- 2 Zucchini • 2 Karotten

Zubereitung • Karotten und Zucchini putzen und mit einem Spiralschneider zu „Tagliatelle" verarbeiten. Wer keinen Spiralschneider besitzt, kann auch einen Gemüseschäler verwenden.
Die „Tagliatelle" in einer Schüssel gut mit dem Salbei-Kakao-Pesto vermischen. Mit dem veganen „Käse" nach Parmesan-Art bestreut servieren.

Variation • Wird das Pesto weniger flüssig zubereitet, eignet es sich als Aufstrich für Cracker.
Ersetzen Sie den Salbei durch klassisches Basilikum oder für eine außergewöhnliche Variante durch Bärlauch und Brennnesseln.

DESSERTS
MIT ROHSCHOKOLADE

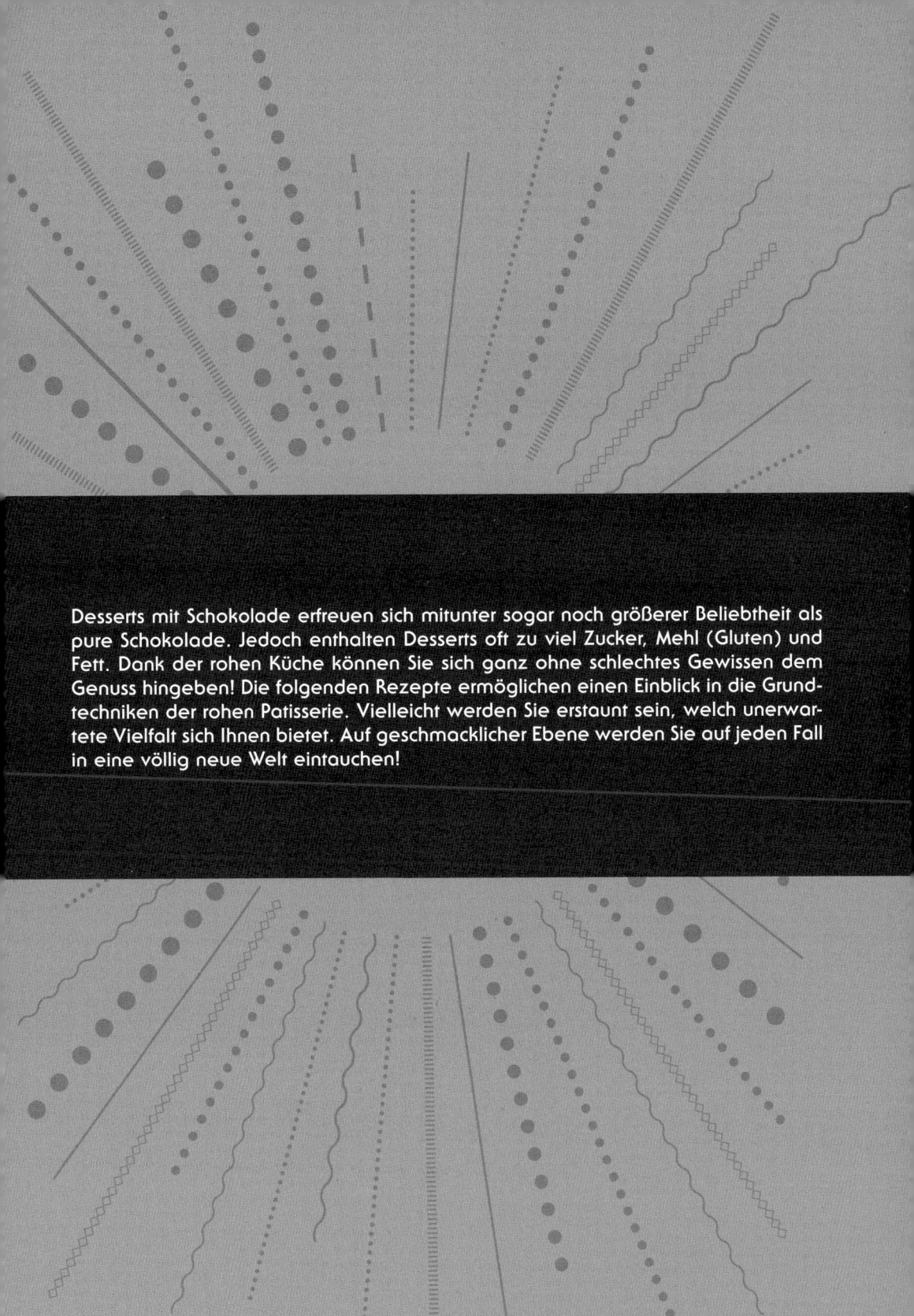

Desserts mit Schokolade erfreuen sich mitunter sogar noch größerer Beliebtheit als pure Schokolade. Jedoch enthalten Desserts oft zu viel Zucker, Mehl (Gluten) und Fett. Dank der rohen Küche können Sie sich ganz ohne schlechtes Gewissen dem Genuss hingeben! Die folgenden Rezepte ermöglichen einen Einblick in die Grundtechniken der rohen Patisserie. Vielleicht werden Sie erstaunt sein, welch unerwartete Vielfalt sich Ihnen bietet. Auf geschmacklicher Ebene werden Sie auf jeden Fall in eine völlig neue Welt eintauchen!

CARPACCIO AUS FRÜCHTEN
DER SAISON MIT KAKAO-SAUCE

Nicht jeder mag Früchte mit Schokolade. Wenn Sie jedoch zu den Liebhabern dieser Kombination gehören, ist dieses Rezept genau richtig für Sie! Ein einfaches, optisch sehr ansprechendes Dessert, das Ihrer Kreativität einen großen Spielraum lässt.

Kakao-Sauce für 4 Personen

- 100 g Ahornsirup • 40 g rohes Kakaopulver • 40 g weißes Mandelmus • 2 EL reines Wasser

Zubereitung • Alle Zutaten im Standmixer vermengen und durch Zugabe von etwas Wasser auf die gewünschte Konsistenz bringen. Sofort mit den Früchten servieren.

Variation • Die Kakao-Sauce neigt dazu, mit der Zeit fest zu werden. So wird sie zu einem köstlichen Brotaufstrich, der durch etwas zusätzliches Mandelmus noch feiner wird.

Frucht-Carpaccio

- 400 g Früchte der Saison

Zubereitung • Die gewaschenen und bei Bedarf geschälten Früchte in möglichst feine, regelmäßige Scheiben schneiden. Ein Gemüsehobel oder eine Mandoline eignet sich dafür am besten.
Die feinen Fruchtscheiben dekorativ auf einem großen, flachen Teller auflegen. Die Kakao-Sauce über die Früchte gießen oder in einem kleinen Schälchen in der Mitte des Tellers anrichten.

Im Herbst und im Winter lässt sich dieses Dessert z. B. mit Zitrusfrüchten, Ananas, Avocados, Bananen, Feigen, Passionsfrüchten, Granatäpfeln, Kiwis, Litschis, Mangos, Birnen und Äpfeln zubereiten.

Im Frühling und im Sommer eignen sich z. B. Aprikosen, Schwarze und Rote Johannisbeeren, Kirschen, Erdbeeren, Himbeeren, Melonen, Heidelbeeren, Brombeeren, Nektarinen, Wassermelonen, Pflaumen und Pfirsiche.

MOUSSE AU CHOCOLAT

Eine schnelle und zu 100 % pflanzliche Mousse au Chocolat! Wenn Sie plötzlich die Lust auf ein cremiges Schokoladendessert überkommt, ist diese Mousse die perfekte Lösung! Sie sollten dafür nur immer einige essreife Avocados griffbereit haben!

Zutaten   für 4 Personen

- 3 essreife Avocados • 9 frische Datteln • 30 g rohes Kakaopulver • 20 ml reines Wasser
- ½ TL Galgant, gemahlen

Zubereitung • Das Fruchtfleisch der Avocados mit den entsteinten Datteln, dem Kakaopulver, Wasser und Galgant in den Standmixer geben.
So lange mixen, bis eine schön feine Mousse entsteht.
Mit etwas Wasser auf die gewünschte Konsistenz bringen.
Die Schokoladenmousse in kleine Schälchen füllen und servieren.

Variation • Probieren Sie zum Verfeinern alle Gewürze aus, auf die Sie Lust haben (Vanille, Zimt, Chili, Pfeffer, Kardamom …).
Für eine noch reichhaltigere Mousse etwas Haselnuss- oder Mandelmus zugeben.
Wenn das Dessert nicht süß genug ist, einfach mehr Datteln verwenden oder kurz vor dem Servieren etwas Agavendicksaft oder Ahornsirup darübergeben.
Die Schokoladenmousse eignet sich auch als Belag für rohe Tartes oder Kuchen (siehe S. 54 und 56).

SCHOKOLADIGER CHÍA-PUDDING
MIT MACADAMIA-DRINK

Chía-Samen, mit lateinischem Namen *Salvia hispanica*, sind eine sehr wertvolle Zutat. Sie wurden bereits von den präkolumbischen Völkern verwendet, sind reich an Omega-3-Fettsäuren und Ballaststoffen und gelten als „Superfood". Ihre Besonderheit ist jedoch, dass sie, wenn sie eingeweicht werden, einen Pflanzenschleim bilden. Daher eignen sie sich sehr gut zur Zubereitung roher, veganer „Milch-Desserts" wie „Milchreis" oder Tapioka-Pudding.

Zutaten für 4 Personen

- 50 g Macadamia-Nüsse • 200 ml reines Wasser • 30 g rohes Kakaopulver
- 20 g Chía-Samen • 40 g getrocknete Moosbeeren • 4 EL Ahornsirup
- 40 g rohe Kakaosplitter

Zubereitung • Dieses Dessert muss mindestens 1 Stunde vor dem Servieren kühl gestellt werden, es lässt sich aber auch bereits am Vortag vorbereiten. Die Konsistenz wird dadurch umso cremiger.

Die Macadamia-Nüsse mit Wasser und Kakaopulver in den Standmixer geben. So lange mixen, bis eine homogene Flüssigkeit entsteht.
Chía-Samen und Moosbeeren in eine Schüssel geben, dann den Schoko-Macadamia-Drink darübergießen. Mit einem Schneebesen gut umrühren, damit keine Chía-Samen an der Oberfläche bleiben.
Mindestens eine, besser jedoch mehrere Stunden im Kühlschrank ziehen lassen. Das Dessert nimmt eine dickcremige Konsistenz an.
In kleine Portionsschälchen füllen, mit einem Hauch Ahornsirup verfeinern und mit einigen rohen Kakaosplittern bestreut servieren.

Variation • Ersetzen Sie die Macadamia-Nüsse durch andere Nüsse oder Ölsaaten und die Moosbeeren durch beliebige andere getrocknete Früchte. Versuchen Sie auch eine Version mit klein geschnittenen frischen Früchten, die Sie erst kurz vor dem Servieren zugeben!

ZWEIERLEI GEFRORENE SCHOKOLADENDESSERTS

Rohes und zu 100 % pflanzliches Eis – ja, das gibt es! Hier zwei verschiedene gefrorene Schokoladendesserts: ein Sorbet auf der Basis gefrorener Bananen und ein Cremeeis auf der Basis eines veganen Drinks.

Schokoladen-Bananen-Sorbet   für 2 Personen

• 200 g geschälte Bananen • 50 g Schokolade aus roher Kakaomasse (siehe S. 13)

Zubereitung • Die Bananen in Scheiben schneiden und in den Gefrierschrank geben. Frieren Sie immer einige Bananenscheiben auf Vorrat ein, dann können Sie dieses Dessert nach Belieben auch ganz spontan zubereiten. Die gefrorenen Bananenscheiben in den Standmixer geben und mixen. In kurzer Zeit entsteht ein Sorbet mit sehr angenehmer Konsistenz.
Die Schokolade fein hacken und zu den Bananen in den Standmixer geben. Einige Sekunden mixen, damit sich die Schokostückchen gleichmäßig im Bananensorbet verteilen. Sofort servieren.
Das fertige Sorbet lässt sich auch im Gefrierschrank aufbewahren. War das Sorbet eingefroren, etwa 1 Stunde vor dem Servieren aus dem Gefrierschrank nehmen. Unmittelbar vor dem Genuss noch einmal kurz im Standmixer durchrühren – die Konsistenz wird dadurch besonders cremig!

Variation • Vor dem Servieren mit Kakaosplittern bestreuen und mit etwas Agavendicksaft beträufeln.

Rohkakao-Eiscreme   für 4 Personen

• 100 g Cashewkerne • 50 g Macadamia-Nüsse • 400 ml reines Wasser • 50 g rohes Kakaopulver • 100 g Agavendicksaft

Zubereitung • Cashewkerne, Macadamia-Nüsse und Wasser in den Standmixer geben. So lange mixen, bis ein feiner, homogener pflanzlicher Drink entsteht.
Kakaopulver und Agavendicksaft dazugeben und erneut mixen.
Die Mischung in eine Eismaschine geben und die Maschine nach Bedienungsanleitung starten. Durch die Zubereitung in der Eismaschine erhält das Eis eine angenehm cremige Konsistenz, ohne dass sich kleine Eiskristalle bilden.
Für die Zubereitung ohne Eismaschine die Mischung in Eiswürfelformen oder etwa 1 cm hoch in flache Behälter füllen und einfrieren. Vor dem Servieren etwa 30 Minuten antauen lassen und dann im Standmixer durchrühren, um ein Eis mit cremiger Konsistenz zu erhalten.

Variation • Für einen intensiveren Kakaogeschmack die Menge an rohem Kakaopulver erhöhen!

KEKSE MIT ROHSCHOKOLADE-ÜBERZUG

Rohkost-Kekse, vegan und glutenfrei – auch das muss kein unerfüllter Wunsch bleiben! In diesem Rezept wird Kakao mit Ingwer kombiniert – eine sehr beliebte Geschmackskomposition.

Zutaten für 20 kleine Kekse

- 100 g Mandeln • 70 g Datteln • 10 g frischer Ingwer, gerieben • 30 g rohes Kakaopulver
- 100 g temperierte Schokolade aus rohem Kakaopulver (siehe S. 14)

Zubereitung • Die Mandeln über Nacht in reinem Wasser einweichen.
Am nächsten Tag die Mandeln schälen und 10 Stunden bei 42 °C trocknen. Die geschälten Mandeln in den Standmixer geben und fein zerkleinern.
Die Datteln einzeln dazugeben: Es entsteht eine kompakte, formbare Masse. Dann den geriebenen Ingwer dazugeben. Mixen. Zuletzt das Kakaopulver zugeben und erneut mixen.
Einen Bogen Backpapier auf ein Schneidbrett legen. Die Masse daraufgeben und mit einem zweiten Bogen Backpapier bedecken. Mit einem Teigroller die Masse ca. ½ cm dick ausrollen.
Etwa 1 Stunde in den Kühlschrank geben, dann mit einem Keksausstecher Kreise (oder andere Formen) ausstechen.
Die temperierte Schokolade zubereiten und die Kekse damit überziehen.

Variation • Die ausgestochenen Kekse im Dörrgerät ca. 15 Stunden bei 40 °C trocknen; so werden sie knuspriger. Die getrockneten Kekse können ebenfalls mit Schokolade glasiert werden.
Sie können auch jeweils zwei unglasierte Kekse mit Eis füllen – so entstehen köstliche Eis-Sandwiches.
Aus der Keksmasse lassen sich auch Trüffeln zubereiten!

SCHOKO-HASELNUSS-TARTE

Gleich wie klassische Tartes bestehen auch rohe Tartes aus einem Boden und einem Belag. Der Boden ist üblicherweise knusprig und besteht aus Ölfrüchten (Walnüsse, Haselnüsse, Mandeln, Erdnüsse …), die im Standmixer mit Trockenfrüchten (Datteln, Aprikosen, Feigen, Bananen) zu einer gleichmäßigen, kompakten Masse verarbeitet werden. Leinsamen liefern essentielle Fettsäuren und sorgen dafür, dass die Masse etwas trockener wird. Die Creme für den Belag enthält oft Kokosöl, damit sie eine schnittfeste Konsistenz bekommt.

Zutaten für den Boden — für 8 Personen

- 50 g Haselnüsse • 50 g Mandeln • 50 g rohe Kakaosplitter • 100 g Datteln
- 40 g Leinsamen

Schoko-Haselnuss-Creme

- 100 g Haselnüsse • 40 g Datteln • Einweichwasser der Datteln + ca. 100 ml reines Wasser • 50 g rohes Kakaopulver • 2 EL Kokosöl • 2 EL Agavendicksaft

Zubereitung • Für den Boden Haselnüsse, Mandeln und Kakaosplitter in der Küchenmaschine (und nicht im Standmixer) grob zerkleinern. Die Datteln einzeln dazugeben, bis eine kompakte Masse entsteht. Die Leinsamen im Blitzhacker oder in der Kaffeemühle fein mahlen, dann die gemahlenen Leinsamen unter die Masse mischen.
Die Masse in eine mit Backpapier ausgelegte Tarteform geben. Mit den Fingern gleichmäßig in der Form verteilen. Besonders gut eignet sich eine Form mit herausnehmbarem Boden, denn aus dieser lässt sich die Tarte leichter herauslösen. Die Form während der Zubereitung der Schoko-Haselnuss-Creme in den Gefrierschrank geben.
Für die Schoko-Haselnuss-Creme Haselnüsse und Datteln über Nacht in separaten Schüsseln in reinem Wasser einweichen.
Die Nüsse abgießen und in den Standmixer geben. Die Datteln mit dem Einweichwasser dazugeben und zu einer sehr cremigen Masse verarbeiten. Nach und nach 100 ml reines Wasser zugeben. Die Konsistenz sollte cremig, aber nicht zu flüssig sein. Das rohe Kakaopulver zugeben und gut unterrühren. Zuletzt das über einem Wasserbad geschmolzene Kokosöl und den Agavendicksaft zugeben. Vermischen.
Die Creme auf den vorbereiteten Boden geben, glatt streichen und die Tarte einige Stunden in den Kühlschrank stellen.

Variation • Belegen Sie den Boden der Tarte mit Bananenscheiben oder Heidelbeeren, bevor Sie die Schoko-Haselnuss-Creme daraufgeben!

ROHKAKAO- „TRÄNKE"

Ganz bewusst habe ich für die Getränke mit rohem Kakao den Begriff „Trank"
gewählt. Seine etwas magische, geheimnisvolle Konnotation führt uns direkt zu
den Wurzeln des Kakaos. Die ersten Kakao-Konsumenten, nämlich die präkolumbischen Völker, bereiteten hauptsächlich Getränke mit diesen „heiligen Samen" zu.
Alle Arten von Getränken: heiß oder kalt, würzig oder süß, mit Mais oder ohne,
klassisch oder berauschend. Diese waren fast ausschließlich der Elite vorbehalten,
Herren, Schamanen, Kriegern – oft für rituelle oder medizinische Zwecke.
Im folgenden Kapitel finden Sie einige Getränke mit Kakao, nach den Grundla-
gen der Rohkost abgewandelt. Die zwei Basiszutaten sind Kakaobohnen (frisch
oder getrocknet) und Kakaopulver. In allen Rezeptvorschlägen sind diese Zutaten
austauschbar. Rohkost Puristen werden bevorzugt Kakaobohnen und Kakaosplitter
verwenden. Wenn Sie die Wassermenge in den Rezepten reduzieren, verwandeln
sich die Getränke in wunderbar cremige Desserts!

ROHER TRANK „MAYA-STYLE"

Die Mayas kombinierten in ihren Getränken gerne Kakao mit Mais oder verschiedenen anderen regionalen Pflanzen: Vanille, Annatto, Chili. Auch wenn zahlreiche präkolumbische Schokoladengetränke nicht gesüßt waren, verwendeten die Mayas für bestimmte Zubereitungen Honig und Agavendicksaft. Hier meine persönliche Version eines vollkommen rohen Schokoladengetränks, inspiriert von den Getränken der Mayas. Achtung, es enthält bittere Geschmacksnoten!

Zutaten für 2 Personen

• 1 frischer Maiskolben (ca. 100 g Maiskörner) • 20 nicht fermentierte und getrocknete Kakaobohnen mit Fruchtfleisch • 20 g Agavendicksaft • ½ Vanilleschote • 1 TL Annattosamen oder -pulver • 300 ml reines Wasser • 1 Msp. Chilipulver

Zubereitung • Die Maiskörner mit einem großen Messer vom Maiskolben schneiden und in den Standmixer geben.
Die anderen Zutaten außer dem Chilipulver zugeben und so fein wie möglich mixen. Das kann einige Minuten dauern: dabei erwärmt sich das Getränk.
Mit Chilipulver nach Geschmack vollenden.

WEISSE SCHOKOLADE
MIT LUCUMA, HASELNUSS UND VANILLE

Weiße Schokolade besteht grundsätzlich aus Kakaobutter, Milch und Zucker und wird daher von vielen Schokoladeliebhabern und gesundheitsbewussten Menschen nicht sehr geschätzt. Zu fett, zu süß und zu viel Laktose. In dieser Version jedoch, ohne Milch und mit wenig Zucker, rückt die Kakaobutter mit ihren vielen Vorzügen wieder in den Vordergrund. Genuss und Stärkung für die Seele garantiert!

Zutaten für 1 Person

• 30 g Haselnüsse • 2 TL geriebene Kakaobutter • 200 ml reines Wasser • ¼ Vanilleschote • 2 TL Lucumapulver • 1 TL Agavendicksaft

Zubereitung • Die Haselnüsse über Nacht in reinem Wasser einweichen.
Am nächsten Tag die Kakaobutter reiben.
Die eingeweichten Haselnüsse abgießen, in den Standmixer geben, das reine Wasser und die in Stücke geschnittene Vanilleschote zugeben und zu einer homogenen Flüssigkeit verarbeiten.
Um eventuell verbleibende Nussstückchen zur Gänze zu entfernen, den Haselnussdrink durch ein feines Sieb schütten und wieder in den ausgespülten Mixbehälter füllen.
Das Lucumapulver, die geriebene Kakaobutter und den Agavendicksaft zugeben. Etwa 2 Minuten mixen, damit das Getränk cremig wird und sich auf ca. 40 °C erwärmt.

Variation • Sollen Geschmack und Konsistenz des Getränks stärker an Milch erinnern, eher 3 Teelöffel geriebene Kakaobutter, 10 g Haselnüsse und 150 ml reines Wasser verwenden.

SHIVA-SHAKTI- SMOOTHIE

Kennen Sie Thandai? Thandai ist ein traditionelles indisches Gewürzgetränk, das unter anderem zu Ehren des heiligen Paares Shiva-Shakti zubereitet wurde. Nach dem Originalrezept enthält es Cannabis und wird in der ayurvedischen Medizin empfohlen, um die Fruchtbarkeit zu steigern. Meine persönliche Version verbindet das indische Getränk auf sehr angenehme Weise mit dem altüberlieferten, mit Vanille und Agave verfeinerten Kakao-Getränk der Mayas zu einer Geschmacksexplosion zwischen Orient und Okzident!

Zutaten für 2 Personen

- 20 g Kürbiskerne • 20 g Mohnsamen • 20 g geschälte Hanfsamen • 20 g Mandeln
- 6 Kardamomkapseln • 2 TL Anis • ½ TL schwarzer Pfeffer • ½ Vanilleschote
- 20 g rohe Kakaobohnen • 500 ml Wasser • 80 g Agavendicksaft • ½ Zitrone

Zubereitung • Kürbiskerne, Mohn- und Hanfsamen in reinem Wasser einweichen.
Die Mandeln in eine andere kleine Schüssel geben und mit reinem Wasser bedecken.
Nach ein paar Stunden Kürbiskerne, Mohn- und Hanfsamen abgießen und in den Standmixer geben.
Die eingeweichten Mandeln schälen und mit den herausgelösten Kardamomsamen, mit Anis, Pfeffer, Vanille und Kakaobohnen in den Standmixer dazugeben. Das Wasser zugießen und zu einem cremigen Getränk mixen. Agavendicksaft und den Saft der halben Zitrone zugeben, schnell vermischen und sofort servieren.

Variation • Zum fertigen Smoothie 100 g frische Früchte (Mango, Himbeeren, Erdbeeren ...) geben und erneut mixen.

CREMIGER FEIGEN-MANDEL-KAKAO-SMOOTHIE

Dieser Smoothie zeichnet sich durch besonders süße Geschmacksnoten sowie eine angenehm cremige Konsistenz aus. Er hat aber gleichzeitig auch eine belebende Wirkung, vor allem dank den getrockneten Kakaobohnen, die ihm ein zartes, frisches Nussaroma verleihen. Der Feigen-Mandel-Kakao-Smoothie ist ein perfekter Muntermacher für einen guten Start in den Tag …

Zutaten für 1 Person

- 20 g Mandeln • 80 g frische Feigen • 2 getrocknete Kakaobohnen mit Fruchtfleisch
- 1 TL rohes Kakaopulver • ½ Vanilleschote • 1 Msp. Zimtpulver • 150 ml reines Wasser

Zubereitung • Die Mandeln über Nacht in reinem Wasser einweichen.
Am nächsten Tag die eingeweichten Mandeln schälen und in den Standmixer geben.
Die frischen Feigen, Kakaobohnen und Kakaopulver, Vanille, Zimt und Wasser zugeben.
So lange mixen, bis ein sehr homogenes, cremiges Getränk entsteht.

Variation • Für eine Version mit intensiverem Schokoladengeschmack die Menge an Kakaopulver und/oder Kakaobohnen erhöhen.

URKAKAO-SMOOTHIE

Nachdem essbare Wildkräuter lange als Unkraut abgetan wurden, finden sie nun wieder mehr und mehr den Weg auf unsere Teller. Eine durchaus erfreuliche Rückbesinnung auf alte, vergessene Traditionen! Die von den Kelten so verehrte Brennnessel, die als eine der ersten Pflanzen schon in vorgeschichtlichen Zeiten gezüchtet und gegessen wurde, ist ein gutes Beispiel dafür. Wussten Sie, dass ihre Blätter und Triebe, neben vielen weiteren gesunden Inhaltsstoffen, mehr Eiweiß enthalten als Soja?

Zutaten für 1 Person

- 20 g Mandeln • 5 junge Brennnesseltriebe • 1 Banane • 3 frische Kakaobohnen
- 1 TL Gojibeeren • 300 ml reines Wasser

Zubereitung • Die Mandeln über Nacht in einer kleinen Schüssel in reinem Wasser einweichen. Am nächsten Tag die Mandeln abgießen und die braunen Schalen entfernen.
Die Brennnesseln waschen und von jedem Trieb nur die obersten 4–5 kreuzgegenständigen Blattpaare behalten. Beiseitestellen.
Die Banane schälen, in Stücke schneiden und in den Standmixer geben.
Die anderen Zutaten zugeben, zuletzt die Brennnesseln, dann das Wasser hinzufügen.
Mixen, bis ein homogenes Getränk entsteht.

Variation • In diesem Smoothie, der mit frischen Kakaobohnen zubereitet wird, dominieren sehr frische, „grüne", pflanzliche Geschmacksnoten. Der Schokoladengeschmack ist eher dezent, trotzdem wirkt das Getränk – vor allem am Morgen – sehr belebend. Wenn Sie einen intensiveren Schokoladengeschmack möchten, verwenden Sie mehr Kakaobohnen, fermentierte, getrocknete Kakaobohnen oder auch rohes Kakaopulver. Und wenn Sie keine Brennnesseln zur Verfügung haben, verwenden Sie anderes grünes Blattgemüse: Spinat, Kohl, Grünkohl, Löwenzahn …

HÜBSCHER ORANGER SMOOTHIE

In der rohen Küche nehmen die Antioxidantien einen wichtigen Platz ein. Diese sind sehr wertvoll für unsere Zellen, denn sie können freie Radikale unschädlich machen und Alterungsprozesse hemmen … Kakaobohnen, Physalis (Karotinoide, Flavonoide) und Goji-Beeren (Karotinoide und Phenole) sind sehr reich an Antioxidantien. Dieser Smoothie erfreut mit seiner bitteren Geschmacksnote und seiner hübschen Farbe Augen und Gaumen!

Zutaten für 1 Person

- 20 g Cashewkerne • 10 g getrocknete Physalis • 10 g Goji-Beeren
- 5 getrocknete Kakaobohnen mit Fruchtfleisch • 250 ml reines Wasser

Zubereitung • Am Vortag die Cashewkerne in einem Schälchen in reinem Wasser einweichen. Physalis und Goji-Beeren in eine zweite Schüssel geben und mit Wasser bedecken. Über Nacht stehen lassen.
Am nächsten Tag die Cashewkerne abgießen und in den Standmixer geben.
Physalis und Goji-Beeren mit dem Einweichwasser dazugeben, dann die Kakaobohnen hinzufügen. Das Wasser zugeben und zu einem cremigen Getränk mixen.
Wenn der Smoothie nicht süß genug ist, 1 oder 2 eingeweichte Datteln dazugeben und erneut mixen.

Variation • Für noch mehr Bitternoten und Antioxidantien 2 TL Baobab-Pulver (reich an Betakarotin, Vitamin C und Flavonoiden) dazugeben.
Goji-Beeren, die aus dem Himalaya-Gebiet stammen, und Physalis, die aus Südamerika kommen, können durch heimische Beeren ersetzt werden, die ebenfalls sehr reich an Antioxidantien sind: Heidelbeeren, Brombeeren, Aroniabeeren, Himbeeren, Schwarze Johannisbeeren, Holunderbeeren, Berberitzen …

HEISSE SCHOKOLADE

Ein großer Klassiker, der seinen süßen Geschmack durch die Zugabe von Datteln erhält, die in der Rohkost sehr oft verwendet werden. Auf dem Markt findet man eine große Vielfalt unterschiedlicher Datteln. Oft sind sie getrocknet, dann sollten sie vor der Verwendung über Nacht eingeweicht werden. Immer öfter findet man aber auch weiche, frische Datteln. Ich mag lieber frische Datteln und bevorzuge sie daher auch in meinen Rezepten.

Zutaten für 1 Person

• 30 g frische Datteln • 20 g Mandelmus • 10 g rohes Kakaopulver • 150 ml reines Wasser • Zimt

Zubereitung • Die Datteln entsteinen und das Fruchtfleisch in den Standmixer geben. Die anderen Zutaten dazugeben. Den Zimt nach Geschmack dosieren.
Etwa 2 Minuten mixen, um ein cremiges Schokoladengetränk zu erhalten und um dieses auf ca. 40 °C zu erwärmen.

Variation • Bereiten Sie die Schokolade nach diesem Rezept zu, aber variieren Sie das Nussmus, die Trockenfrüchte und die Gewürze. Um den Nährstoffgehalt zu erhöhen, geben Sie ein Superfood zu: Maca (belebende Wurzel aus der Anden-Region in Peru), Lucuma (sehr süße Frucht aus Peru), Mesquite (Johannisbrot aus Peru), Spirulina (Süßwasseralge) …

WEITERFÜHRENDE LINKS (Stand 12. 02. 2016)

Utensilien & Zutaten für die Schokoladenherstellung

www.backwelt.at
www.zehrer.at
www.silikomart.com
www.holzeis.com
www.keimling.at
www.green-panda.com
www.wyld.de
www.bewusst-leben-shop.at
www.regenbogenkreis.de
www.goodfood-shop.de
www.lifefood.de
www.orkos.com

Weiterführende Informationen zu Schokolade und Rohkost

www.theobroma-cacao.de
www.rohspirit.de
www.germanygoesraw.de

Rohe Schokolade

www.rohe-vegane-bioschokolade.com
www.lovechock.com
www.orgasmicbuddha.com

AUTORIN & FOTOGRAFIN

Laurence Alemanno promovierte in Pflanzenbiologie und hat zum Kakaobaum geforscht. Die Kakaospezialistin gibt ihr Wissen in zahlreichen Büchern weiter. Seit 2006 betreibt sie eine kleine Chocolaterie in Paris und gilt als Pionierin im Bereich der rohen Schokolade. Weitere Informationen zur Autorin sind auf ihrer Website zu finden: www.chocolatitudes.com

Marie Laforêt, selbst Autorin mehrerer Bücher über vegane Ernährung, hat die stilvollen Bilder für dieses Buch beigesteuert. Mehr über die Fotografin auf ihrer Website: www.100-vegetal.com

---

Umschlaggestaltung: Werbeagentur Rypka GmbH, 8143 Dobl, www.rypka.at

Bildnachweis: Titelbild: Andrea Jungwirth;
Abbildungen im Innenteil und kleine Abbildungen am Cover: Marie Laforêt

Titel der französischen Originalausgabe:
Laurence Alemanno: Chocolat cru © by Éditions La Plage, Paris 2014

Aus dem Französischen übertragen von Mag. Claudia Binder

Der Inhalt dieses Buches wurde von der Übersetzerin und vom Verlag nach bestem Wissen überprüft; eine Garantie kann jedoch nicht übernommen werden. Die juristische Haftung ist daher ausgeschlossen.

Bibliografische Information der Deutschen Nationalbibliothek

Die Deutsche Nationalbibliothek verzeichnet diese Publikation in der Deutschen Nationalbibliografie; detaillierte bibliografische Daten sind im Internet über http://dnb.d-nb.de abrufbar.

Hinweis: Dieses Buch wurde auf chlorfrei gebleichtem Papier gedruckt. Die zum Schutz vor Verschmutzung verwendete Einschweißfolie ist aus Polyethylen chlor- und schwefelfrei hergestellt. Diese umweltfreundliche Folie verhält sich grundwasserneutral, ist voll recyclingfähig und verbrennt in Müllverbrennungsanlagen völlig ungiftig.

Auf Wunsch senden wir Ihnen gerne kostenlos unser Verlagsverzeichnis zu:
Leopold Stocker Verlag GmbH
Hofgasse 5/Postfach 438, A-8011 Graz
Tel.: +43 (0)316/82 16 36, Fax: +43 (0)316/83 56 12
E-Mail: stocker-verlag@stocker-verlag.com, www.stocker-verlag.com

ISBN 978-3-7020-1605-0

Alle Rechte der Verbreitung, auch durch Film, Funk und Fernsehen, fotomechanische Wiedergabe, Tonträger jeder Art, auszugsweisen Nachdruck oder Einspeicherung und Rückgewinnung in Datenverarbeitungsanlagen aller Art, sind vorbehalten.

© Copyright der deutschen Erstausgabe: Leopold Stocker Verlag, Graz 2016

Layout und Repro: Werbeagentur Rypka GmbH, 8143 Dobl, www.rypka.at

Druck: hm•perfectprintconsult•eu